Aktuelle und klassische Sozial- und KulturwissenschaftlerInnen

Reihe herausgegeben von
Stephan Moebius, Institut für Soziologie, Karl-Franzens-Universität Graz, Graz, Österreich

Die von Stephan Moebius herausgegebene Reihe zu Kultur- und Sozialwissenschaftler*innen der Gegenwart ist für all jene verfasst, die sich über gegenwärtig diskutierte, zuweilen auch fast vergessene, herausragende Autor*innen auf den Gebieten der Kultur- und Sozialwissenschaften kompetent informieren möchten. Die einzelnen Bände dienen der Einführung und besseren Orientierung in das aktuelle, sich rasch wandelnde und immer unübersichtlicher werdende Feld der Kultur- und Sozialwissenschaften.

Verständlich geschrieben, übersichtlich gestaltet – für Leser*innen, die auf dem neusten Stand bleiben möchten.

Weitere Bände in der Reihe https://link.springer.com/bookseries/12187

Anton Pelinka

Zur Aktualität von Paul F. Lazarsfeld

Einführung in sein Werk

Anton Pelinka
Universität Innsbruck
Innsbruck, Österreich

ISSN 2625-9389 ISSN 2625-9397 (electronic)
Aktuelle und klassische Sozial- und KulturwissenschaftlerInnen
ISBN 978-3-658-34780-2 ISBN 978-3-658-34781-9 (eBook)
https://doi.org/10.1007/978-3-658-34781-9

Die Deutsche Nationalbibliothek verzeichnet diese Publikation in der Deutschen Nationalbibliografie; detaillierte bibliografische Daten sind im Internet über http://dnb.d-nb.de abrufbar.

© Der/die Herausgeber bzw. der/die Autor(en), exklusiv lizenziert durch Springer Fachmedien Wiesbaden GmbH, ein Teil von Springer Nature 2021
Das Werk einschließlich aller seiner Teile ist urheberrechtlich geschützt. Jede Verwertung, die nicht ausdrücklich vom Urheberrechtsgesetz zugelassen ist, bedarf der vorherigen Zustimmung der Verlage. Das gilt insbesondere für Vervielfältigungen, Bearbeitungen, Übersetzungen, Mikroverfilmungen und die Einspeicherung und Verarbeitung in elektronischen Systemen.
Die Wiedergabe von allgemein beschreibenden Bezeichnungen, Marken, Unternehmensnamen etc. in diesem Werk bedeutet nicht, dass diese frei durch jedermann benutzt werden dürfen. Die Berechtigung zur Benutzung unterliegt, auch ohne gesonderten Hinweis hierzu, den Regeln des Markenrechts. Die Rechte des jeweiligen Zeicheninhabers sind zu beachten.
Der Verlag, die Autoren und die Herausgeber gehen davon aus, dass die Angaben und Informationen in diesem Werk zum Zeitpunkt der Veröffentlichung vollständig und korrekt sind. Weder der Verlag noch die Autoren oder die Herausgeber übernehmen, ausdrücklich oder implizit, Gewähr für den Inhalt des Werkes, etwaige Fehler oder Äußerungen. Der Verlag bleibt im Hinblick auf geografische Zuordnungen und Gebietsbezeichnungen in veröffentlichten Karten und Institutionsadressen neutral.

Einbandabbildung: unter Verwendung einer Abbildung von Paul Lazarsfeld von https://nl.wikipedia.org/wiki/Paul_Lazarsfeld#/media/Bestand:Lazarsfeld1941_Lge.jpg mit einer Creative Commons Lizenz: https://creativecommons.org/licenses/by-sa/4.0/

Lektorat/Planung: Cori A. Mackrodt
Springer VS ist ein Imprint der eingetragenen Gesellschaft Springer Fachmedien Wiesbaden GmbH und ist ein Teil von Springer Nature.
Die Anschrift der Gesellschaft ist: Abraham-Lincoln-Str. 46, 65189 Wiesbaden, Germany

Inhaltsverzeichnis

1 Einführung „Von Wien nach New York, von Marienthal nach Erie County" 1
2 Wien: Fin de siècle 9
3 Österreich: Politik und Universität 19
4 „Die Arbeitslosen von Marienthal": Die Konfrontation mit der Realität 31
    4.1 Das Erkenntnisleitende Interesse 33
    4.2 Der methodische Zugang 40
    4.3 Erkenntnisgewinn 45
5 USA: Die vorweggenommene Flucht in die Freiheit 53
6 „The People's Choice": Wer wählt wen warum? 59
    6.1 Das Erkenntnisleitende Interesse 61
    6.2 Der methodische Zugang 67
    6.3 Erkenntnisgewinn 71
7 New York: Columbia University 81
    7.1 Columbias Sociology Department 82
    7.2 Lazarsfeld und die Theorie der Demokratie 85
    7.3 Lazarsfelds globale Rolle 96
8 Wem „gehört" Paul Lazarsfeld? 99
    8.1 Zwischen den Disziplinen: Psychologie, Soziologie und Politikwissenschaft 100
    8.2 Zwischen den Welten: Europa, Amerika 104

8.3 Forschung trifft Politik: Wer benützt wen, wer nützt wem? 108

Literatur 115

Einführung „Von Wien nach New York, von Marienthal nach Erie County" 1

Paul Lazarsfeld überschritt viele Grenzen. Von intellektueller Neugierde bestimmt, widmete er sich der Forschung und der akademischen Lehre. Als Homo Politicus nahm er – in verschiedenen Lebensabschnitten und in unterschiedlicher Form – Anteil an der Politik. Als Europäer war er von der „Alten Welt" geprägt. Aber er ging voll und ganz in der „Neuen" auf: in Amerika. Lazarsfelds persönliches Leben und seine wissenschaftliche Karriere passen in kein exklusiv etikettierbares Muster: Österreicher? Ja, das war er, aber ein in einer kleinen Republik namens Österreich gestrandeter Groß-Österreicher. Jude? Ja, aber einer, der sich selbst nicht als Jude sah, dem aber bewusst war, dass er anderen als Jude galt. Psychologe? Ja, aber mehr doch Soziologe und wohl auch Politikwissenschaftler. Marxist? Ja, in seiner Selbstwahrnehmung – und auch das nur in seiner Jugend. Demokratischer Sozialist? Ja, in Europa; und ein wenig auch noch in den USA.

Lazarsfeld war in den letzten Jahrzehnten seines Lebens US-Amerikaner, von ihm selbst so gewollt und von anderen nicht bestritten. In den USA hatte er zu seiner wissenschaftlichen Identität gefunden. Dort hatte er die Möglichkeiten, sich voll zu entwickeln. Anders als andere, die vor der Unfreiheit der „Alten" in die „Neue Welt" gekommen waren und von der „Alten" nie ganz loskommen konnten, wurden die USA für ihn zur dauernden Heimat. Nostalgie für Europa? Die war bei ihm ab 1933 eigentlich nie zu erkennen. Das war, zum Beispiel, bei Theodor W. Adorno ganz anders. Dieser verstand sich auch in seinen amerikanischen Jahren als ein „European Scholar", und nach dem Zusammenbruch des Nationalsozialismus kehrte er nur zu gerne in das wieder demokratische Deutschland zurück. (Adorno 1969). Bei Lazarsfeld finden sich in allen Befunden keine Anzeichen dafür, dass er schon bald nach 1933 sich nicht voll und ganz als Amerikaner sah. Als solcher interessierte er sich für Europa; aber ohne erkennbare emotionale Bindung an die Verhältnisse, die er hinter sich gelassen hatte.

Paul Lazarsfeld war immer politisch interessiert – in Europa und in Amerika, als Psychologe und Soziologe. In seinen Wiener Jahren war er auch politisch aktiv, anders als in den USA, als sein politisches Interesse nicht mehr in einem politischen Aktivismus zum Ausdruck kam. Vor allem aber war er Wissenschaftler, und zwar Sozialwissenschaftler. Das machte seine eigentliche Identität aus. Er war immer auf der Suche nach der Wirklichkeit der menschlichen Lebenswelten; immer erpicht darauf, die Bestimmungsfaktoren menschlichen Bewusstseins und Handelns zu erkennen; und aus dieser Erkenntnis heraus zu erklären, welche Entwicklungslinien des politischen Verhaltens von der Gegenwart in die Zukunft weisen. Er wollte das soziale Umfeld der Menschen erkunden und verstehen. Und er wollte dieses sein Wissen als akademischer Lehrer anderen weitergeben.

Aber er war auch davon bestimmt, die Welt verändern zu wollen. Dieses Motiv ist in seinen jungen Jahren besonders deutlich erkennbar. Doch auch in seinen späteren Jahren blieb er dieser Orientierung zumindest indirekt treu. Es ging ihm darum, Wege über das Bestehende hinaus aufzuzeigen. Er ging aber davon aus, dass – bevor die Welt verändert werden kann – sie zuallererst verstanden und erklärt werden muss. Das war sein Antrieb, als er die Folgen einer sozialen Katastrophe in einem Dorf in der Nähe Wiens untersuchte; als er, um eine tiefere Einsicht in Ursachen und Folgen dieser Katastrophe zu gewinnen, neue Methoden der Sozialforschung entwickelte. Neue Methoden – die zeichneten auch seine Arbeiten aus, als er in Ohio 1940 und im Staat New York 1948 die Faktoren zu erkennen und zu gewichten versuchte, die politisches Verhalten bestimmten: die Rahmenbedingungen und damit die Voraussetzungen für die Gestaltung von Politik und Gesellschaft, heute und morgen.

Der 1901 geborene Lazarsfeld war ein Weltbürger, der aber dennoch immer ein Zuhause hatte. Dieses Zuhause war nicht unbedingt ein bestimmter Ort, ein bestimmtes Land. Mehr als anderswo war er wohl zunächst in Wien und dann in New York beheimatet. Doch zu seiner eigentlichen Heimat wurde die der Aufklärung verpflichtete Welt universitärer Forschung und Lehre. Alles in allem – am besten kann Paul Lazarsfeld als akademischer Kosmopolit beschrieben werden, der von einem umfassenden Erkenntnisinteresse getrieben wurde; von einem Interesse, die Welt der Menschen besser und immer besser verstehen zu können.

Lazarsfeld war ein Mitteleuropäer, sozialisiert noch im Reich der Habsburger und dann aktiv in der austromarxistischen Sozialdemokratie. Danach wurde er zum US-Amerikaner. Anders als andere Exil-Europäerinnen und Europäer, die ihr Überleben der Aufnahme in die USA verdankten, sah Lazarsfeld sich aber nicht als ein nur auf Zeit in die westliche Hemisphäre versetzter Europäer. Er wurde Amerikaner, durch und durch. Nach 1945 kam er zwar immer wieder nach Europa, aber er kam als US-Amerikaner, der einer erstickten Sozialforschung Hilfe offerierte. Dieses Angebot galt vor allem den Sozialwissenschaften Deutschlands und (mehr noch) Österreichs – den kaum mehr oder noch gar nicht vorhandenen akademischen Disziplinen Soziologie und Politikwissenschaft. Die freie Wissenschaft Mittel-, Ost- und Südeuropas hatte Faschismus und Nationalsozialismus nicht überlebt, und im Osten des Kontinents legte schon bald eine kommunistische Diktatur den Sozial- und Geisteswissenschaften neue Fesseln an. Lazarsfeld half als US-Amerikaner in transnationaler Solidarität seinen europäischen Kolleginnen und Kollegen, verlorenes Terrain aufzuholen.

Dass Lazarsfeld einer der „amerikanischsten" unter den aus Europa kommenden Forscherinnen und Forscher war, mag auch damit zu tun haben, dass er sich nicht als „Flüchtling", sondern als „Immigrant" verstand. Er war schon 1933 in die USA gekommen – einige Jahre bevor das NS-System auch nach seiner Heimat Österreich greifen sollte. Er war nicht vor Hitler nach Amerika geflohen. Er war einer Einladung der Rockefeller Stiftung gefolgt. Und als sein Stipendium 1935 endete, entschloss er sich, zu bleiben – weil er in den USA Karrierechancen sah, die im autoritären Österreich der Jahre 1933 bis 1938 ihm zwar nicht a priori verwehrt, aber auch nicht wirklich geboten wurden (Sills 1998, S. 149 f.). Um sein Leben hätte er ab März 1938 fürchten müssen – wie Charlotte Bühler, die (wie Lazarsfeld, Marie Jahoda, Hans Zeisel und so viele andere) als „jüdisch" punziert wurde und deshalb das ihr vertraute Wiener Milieu verlassen musste.

Es waren die Jahre in den USA, die entscheidend die Grundlage für seine Weltgeltung schufen. In Österreich war er eine Nachwuchshoffnung. Wegen seiner austromarxistischen Orientierung wäre er wohl schon ab 1933, im „Ständestaat", auf einem akademischen Abstellgleis geblieben und hätte sich an den österreichischen Universitäten nicht entfalten können. Und nach 1938 wäre er beraubt und vertrieben oder auch ermordet worden. Der Grundakkord seines wissenschaftlichen Werkes wurde in Europa, in Österreich nach 1918 geformt. Aber die Vollendung seiner Weltkarriere wurde ihm in den USA und durch den US-amerikanischen Wissenschaftsbetrieb ermöglicht. Ohne die Offenheit und den Fortschrittsgeist der akademischen Welt der USA wäre Paul Lazarsfeld nicht zu dem geworden, als der er heute firmiert: zu einem der ganz Großen der sozialwissenschaftlichen Forschung des 20. Jahrhunderts.

In den USA wurde aus dem Jungstar der revolutionär gesinnten sozialistischen Studenten Österreichs und der sich zur Soziologie öffnenden universitären Psychologie ein Star. Innerhalb der sich entwickelnden sozialwissenschaftlichen Forschung etablierte er sich als eine dominante Persönlichkeit – vor allem durch die Vertiefung und Ausweitung der empirischen Sozialforschung. Und schließlich wurde Paul Lazarsfeld zum globalen „elder statesman" der Forschung, der – durchaus im Einklang mit der Politik der USA und im Auftrag der „Ford Foundation" – amerikanischen Auftraggebern Ratschläge erteilte, wie das intellektuelle Leben in Europa gefördert werden könnte (Marin 1978, S. 41–49); und der im Auftrag der UNESCO definierte, was unter Soziologie zu verstehen ist (Lazarsfeld 1973).

Lazarsfeld, ursprünglich ein entschiedener Gegner des Kapitalismus und Kritiker der von diesem bestimmten politischen Ordnung, war in den USA – indirekt, nicht deklariert – zum Promotor von Reformen geworden, die den Kapitalismus nicht überwinden, die ihn auf demokratische Weise bändigen sollten. Lazarsfelds Augenmerk war auf den Prozess des Wählens gerichtet – auf das zentrale Qualitätsmerkmal, das eine pluralistische, eine liberale Demokratie ausmacht. Eine offenbar auch aus seiner Sicht erfolgreiche Bändigung eines weiterhin krisenanfälligen Kapitalismus konnte er in den Jahren der Präsidentschaft Franklin D. Roosevelts beobachten. Am Ende der „Ära Roosevelt" war – jedenfalls auch für Lazarsfeld – klar geworden, dass die einzige real vorhandene Alternative zu einer grundsätzlich marktwirtschaftlichen, also kapitalistischen Ordnung das war, was vom Kreml und von den Kreml-hörigen kommunistischen Parteien ausging. Eine solche Alternative aber bot gerade das nicht, was für Lazarsfelds wissenschaftliche Tätigkeit entscheidend war: die akademische Freiheit.

Im Folgenden werden vor allem zwei von Lazarsfelds Forschungsarbeiten und deren Publikation in Buchform als zentrale Werke vorgestellt: „Die Arbeitslosen von Marienthal" als Beispiel für den auch politisch motivierten Übergang seines Forschungsinteresses von der Psychologie zur Soziologie; und die Studie „The People's Choice" – eine bahnbrechende Arbeit, die mit einem neu entwickelten Instrumentarium empirischer Sozialforschung politisches Verhalten beschreibt und erklärt; eine Forschungsarbeit, die sowohl von der Soziologie als auch von der Politikwissenschaft beansprucht wird. In beiden Projekten betrat Lazarsfeld methodisches Neuland, und in beiden arbeitete er in leitender Funktion als Teil eines Teams. Teamarbeit war Zeichen seiner Bereitschaft und Fähigkeit, sich im Wissenschaftsbetrieb kollegial zu organisieren.

Lazarsfeld war aber nicht nur zentraler Teil von Forschungsteams. Team – das war für die beiden im Folgenden vorgestellten Studien auch die unvermeidliche Konsequenz des personellen und damit auch finanziellen Aufwandes, der im Zusammenhang mit dem Auszug der Forschung aus dem akademischen Elfenbeinturm in das weite Feld einer für die Forschung offenen Gesellschaft stand. Lazarsfelds Forschung signalisierte die Abkehr von einer auf eine Einzelperson ausgerichteten Forschung. Die empirische Sozialforschung, wie sie Lazarsfeld betrieb, wies in Richtung der Sprengung des Bildes eines im Alleingang forschenden Einzelkämpfers.

Marienthal wurde von Lazarsfeld als Forschungsfeld ausgewählt, weil diese Gemeinde in einer besonderen Form von einer gesellschaftlichen Katastrophe erfasst worden war. Ein ganzes Dorf war durch die Einstellung der örtlichen Textilproduktion arbeitslos geworden. Für den (damals noch) Marxisten Lazarsfeld und für das gesamte Forschungsteam war dies eine besondere Herausforderung. In seinem Vorwort zur Neuauflage 1960 beschrieb Lazarsfeld seinen persönlichen Zugang als Projektleiter zu dieser 1930 begonnenen, 1933 abgeschlossenen Studie: „Zu Anfang der zwanziger Jahre waren wir überzeugt, dass die Reformen der Gemeinde Wien auf sozial- und schulpolitischem Gebiet den Beginn der neuen Zeit bedeuteten. Doch am Ende dieses Jahrzehnts war es schon klar, dass die Entwicklung eine ganz andere und von unserem Standpunkt aus sehr bedenkliche Richtung genommen hatte. Auf viele von uns hatte das die Wirkung, dass wir uns für alles interessierten, was die Enttäuschung unserer Hoffnungen erklären konnte." (Lazarsfeld 1975, S. 13).

Lazarsfeld war 1930 in Marienthal auf der Suche nach einer Erklärung für diese Entwicklung, die seinem ursprünglichen sozialistischen Fortschrittsoptimismus widersprach. 1940, in Erie County, im achten Jahr der reformorientierten Präsidentschaft Franklin D. Roosevelts, sollte Lazarsfelds Forschungsintention eine ganz anderer sein. In Erie County ging es nicht mehr um eine Katastrophe, wie sie Marienthal heimgesucht hatte. In Erie County ging es um das politische Verhalten unter den Rahmenbedingungen einer politisch gesicherten sozialen Stabilität. In den USA suchte Lazarsfeld nicht mehr nach den Gründen, die für das Scheitern seiner politischen Hoffnungen verantwortlich wären. In Erie County war nicht eine vom Kapitalismus zu verantwortende Katastrophe Gegenstand der Untersuchung. 1940 ging es um das Funktionieren einer – anders als 1930 in Europa – offenkundig nicht (mehr?) bedrohten pluralistischen politischen Ordnung, die mit einem kapitalistischen Wirtschaftssystem verflochten war. Erie County – anders als Marienthal – war ausgewählt worden, weil es so höchst „normal", so durchschnittlich amerikanisch war. Marienthal hingegen war untersucht worden, weil es als Vorbote einer Entwicklung gesehen wurde, die einen Qualitätssprung gesellschaftlicher Entwicklung einleiten könnte – entweder in Richtung eines Durchbruchs zu einer sozialistischen Gesellschaftsordnung oder als Tendenz, die weg von den Freiheiten der demokratischen Republik und hin zu einem autoritären System führte; hin zu einem System, das „Ordnung" auf Kosten demokratischer Grundwerte versprach.

Der Lazarsfeld von Marienthal nahm Abschied von einer auch utopische Züge tragenden politischen Orientierung. In dieser seiner Ernüchterung wurde er bestärkt von wissenschaftlichen Erkenntnissen, die er (und „sein" Team) mit teilweise neu entwickelten Forschungsmethoden gewonnen hatte – mit den neuen Methoden der Sozialpsychologie, unter denen er „das quantitative Studium von Massenerscheinungen" verstand (Lazarsfeld 1975, S. 13). In Erie County untersuchte Lazarsfeld – mit weiterentwickelten quantitativen Methoden der Sozialforschung – das Funktionieren einer Demokratie. Diese war offenbar in der Lage, ökonomische Krisen mit einer Politik sozial- und wirtschaftspolitischer Interventionen („New Deal") auf demokratische Weise zu bewältigen. Der Marxist Lazarsfeld hatte in Marienthal das Ende einer politischen Illusion erlebt. Der Lazarsfeld von Erie County war bereits frei von den Visionen seiner Vergangenheit. Das Politische blieb aber, indirekt, auch ein Jahrzehnt nach Marienthal im Zentrum von Lazarsfeld Forschungen: in Form der Beobachtung, Beschreibung und Analyse politischer Prozesse. Das Politische sollte Lazarsfeld auch in Zukunft nicht loslassen.

Lazarsfeld entwickelte einen in Marienthal erprobten innovativen Forschungsansatz (die „Teilnehmenden Bobachtung" und ein Nebeneinander qualitativer und quantitativer Methoden) weiter zu einem Ansatz, der aus der Erfahrung (und aus dem „Geist") der amerikanischen Demokratie entstanden war. Die „Soziographie" des Marienthal-Projektes ging in Erie County in der komplexen, neue Züge tragenden Survey- Methode auf.

Nach 1945 wurde in Europa den US-amerikanischen Sozialwissenschaften oft mit einem elitären Unterton und gelegentlich neidvoller Ablehnung begegnet. Lazarsfeld selbst berichtete von einschlägigen Erfahrungen. „Amerikanismus" war nach 1945 für viele, die in der insgesamt vergleichsweise unterentwickelten akademischen Landschaft Europas forschten, deckungsgleich mit einer einseitig quantitativen Orientierung. Und die kritischen Hinweise auf die finanzielle Abhängigkeit, die mit einer solchen Orientierung verbunden war, spiegelten auch einen antiamerikanischen Affekt (Lazarsfeld 1975, 20). Ein solcher Antiamerikanismus war bei vielen der Personen, die nicht die Option der Emigration oder Flucht gewählt hatten, das Produkt eines Ressentiments, hinter dem ein Mangel an Selbstkritik zu vermuten war.

In Marienthal war Lazarsfeld der politisch engagierte Europäer, der den Folgen sozialer Verwerfungen auf der Spur war. In Erie County, Ohio, war Lazarsfeld der – auch – politisch motivierte Amerikaner, der nach Erklärungen dafür suchte, „Wer – Wen – Warum" wählt und so Einfluss auf die Politik nimmt. Aus dem revolutionären Sozialisten war in überraschend kurzer Zeit und in wenigen Entwicklungsschritten der empirische Politikforscher geworden. Dessen sozialistische „Weltanschauung" hatte sich noch in der Marienthal Studie gezeigt – als Triebfeder seiner Forschung. Aber spielte diese Motivation noch eine Rolle, als

Lazarsfeld 1940 erkennen, beschreiben und analysieren wollte, welche Bestimmungsfaktoren Wählerinnen und Wähler veranlassten, Franklin Roosevelt oder Wendell Willkie zu wählen – oder sich beiden Optionen zu verweigern?

Der junge Lazarsfeld hatte versucht, die Welt zu verändern, indem er sie zunächst einmal zu verstehen trachtete. Der ältere Lazarsfeld versuchte, die Welt zu erklären. Hatte er sich damit zufriedengegeben, zu verstehen und zu erklären, was nicht zu verändern war? Jedenfalls lässt sich in den Forschungen des älteren Lazarsfeld nicht die Hoffnung erkennen, mit einer auf einem marxistischen Verständnis von Klassenwiderspruch und Klassenkampf aufbauenden Politik könnte die Weltin eine andere, eine signifikant bessere verwandelt werden. Wie auch immer: Weil Lazarsfeld durch seine Forschung dazu beitragen konnte, dass vielen, dass uns allen ein besseres, ein tieferes Verständnis der gesellschaftlichen und damit politischen Dynamik vermittelt wird, half er zumindest indirekt mit, die Welt ein Stück anders zu gestalten. Der Revolutionär war zum Evolutionär geworden, der durch seine empirisch gewonnenen Erkenntnisse zu einem „revisionistischen" Reformismus beizutragen in der Lage war. Eine auf Erkenntnissen beruhende Reform ist eben auch Veränderung – gerade dann, wenn die unter der Etikette „Revolution" versuchten Änderungen so schrecklich gescheitert waren.

Politik, das war für Lazarsfeld ein Lebenselixier. Und seine Beschäftigung mit Politik machte ihn – weit über seinen Tod hinaus – zu einem im Sinne des US-amerikanischen Selbstverständnisses „Beacon on The Hill", zu einem Leuchtturm der Aufklärung. Er hatte mitgeholfen und hilft weiter mit, die nüchterne Klarheit empirisch gewonnener Erkenntnisse in die aus dem Eigeninteresse der Regierenden verdunkelten Zonen der politischen Verflechtungen zu bringen. Lazarsfeld hatte zwar keinen Beitrag zum Umsturz gesellschaftlicher Verhältnisse geleistet, jedenfalls keinen direkten, keinen wie vom Marxismus noch nach 1900 erwartet und gefordert. Dieser Umsturz hatte nicht stattgefunden – oder er war nicht von Dauer, wie das zeitlich beschränkte und letztlich gescheiterte Experiment des Leninismus.

In diesem Sinn war Lazarsfeld ganz bestimmt kein Revolutionär. Aber dass er Politik mit Hilfe von neuen Methoden der empirischen Sozialforschung durchschaubar machte – das war ein Beitrag zur Relativierung der Verhältnisse und damit ein Vademecum reformorientierter Politik. Lazarsfeld war ein Intellektueller, der seinen politischen Ansprüchen nicht in der von ihm ursprünglich gewählten Rolle gerecht werden konnte. Er konnte nicht an der demokratischen Revolution mitwirken, denn diese fand nicht statt. Aber er hatte eine andere Möglichkeit gefunden, die gesellschaftlichen Verhältnisse zu ändern. Indem

Lazarsfeld durch seine Forschung half, die reale Welt und deren gesellschaftlichen Verwerfungen besser zu begreifen, zeigte er die Veränderbarkeit dieser Welt auf.

Wien: Fin de siècle

„Die Welt von gestern", das war der schöne Traum vom linearen Fortschritt. Stefan Zweig, der Sohn einer assimilierten jüdischen Großbürgerfamilie des alten Österreich, trauerte in einem nostalgischen Rückblick dem Europa vor 1914 nach (Zweig 1961). In dieses Europa, bestimmt von permanentem wissenschaftlichem, wirtschaftlichem und kulturellem Wachstum, in dieses Europa wurde Paul Lazarsfeld hineingeboren. Es war ein Europa, das die Gespenster von vorgestern und gestern scheinbar hinter sich gelassen hatte und den Anschein erweckte, als hätte es auf Dauer eine neue Stufe der Zivilisation erreicht. Und es war das alte Österreich, das von dieser Zivilisation besonders zu profitieren versprach – von einer Ordnung, die ein Rezept gegen das Chaos mörderischer Religions- und Nationalitätenkonflikte zu offerieren schien. Österreich, das seine Identität als transnationaler Staat aus dieser Zivilisation zu entwickeln versuchte, hätte ein Muster für ein transnationales Europa werden können.

Die östlichste Universitätsstadt dieses Vielvölkerstaates war Czernowitz, und in Lemberg, der drittgrößten Stadt des Kaiserreiches, lebten Menschen polnischer und ukrainischer, deutscher und jiddischer Muttersprache in einer – so hatte es zumindest den Anschein – friedlichen Koexistenz. Söhne aus dem wohlhabenden Bürgertum, aus Wien oder Prag oder eben auch Lemberg, geprägt von dem Milieu, aus dem Zweig und auch Lazarsfeld kamen, konnten ohne lästige Visa- Verpflichtungen von Wien nach Paris oder Rom reisen. Sie vermochten sich auf dem Kurfürstendamm in Berlin ebenso vertraut zu bewegen wie auf dem Piccadilly Circus in London. Zwar explodierten auf dem Balkan die nationalen Gegensätze und das Reich der Habsburger war nicht in der Lage, den Sprachenkonflikt in Böhmen und Mähren zu lösen. Aber die Vision vom ungebrochenen

© Der/die Autor(en), exklusiv lizenziert durch Springer Fachmedien
Wiesbaden GmbH, ein Teil von Springer Nature 2021
A. Pelinka, *Zur Aktualität von Paul F. Lazarsfeld*,
Aktuelle und klassische Sozial- und KulturwissenschaftlerInnen,
https://doi.org/10.1007/978-3-658-34781-9_2

Fortschritt und einer erstmaligen Zivilisation war erst 1914 zu Ende, als in ganz Europa die Lichter ausgingen.

Lazarsfeld war in seiner Kindheit von der Offenheit und der kulturellen Aufbruchsstimmung beeinflusst, die im Wien der Jahre um 1900 herrschte. Es war die Zeit, als von der Stadt, dem Zentrum eines Vielvölkerreiches, eine intellektuelle Strahlkraft ausging, die sich auf ganz Mitteleuropa und darüber hinaus auswirkte. Wien war ein Brennpunkt europäischer Kultur und Wissenschaft (Schorske 1980). In Wien entwickelte Sigmund Freud ein neues Verständnis der menschlichen Seele. Wien war der Schauplatz der Dramen Arthur Schnitzlers, der – wie Anton Tschechow und Henrik Ibsen – die Welt des Theaters vom 19. ins 20. Jahrhundert führte. In Wien lösten die Bilder Gustav Klimts und Egon Schieles (in Konkurrenz mit dem französischen Impressionismus) den Historismus als die in die Zukunft weisende Kunst ab. Der Architekt Otto Wagner plante Wien als Metropole, die in ihrer Dimension London und Paris ebenbürtig sein sollte – und er baute am Gelände des Wiener Spitals „Am Steinhof" eine Jugendstil-Kathedrale, nachdem er bereits in Budapest eine Synagoge von ähnlicher Größe entworfen hatte.

Dass diese „Welt von gestern" mehr Schein als Wirklichkeit war, dass hinter der schönen Fassade schon das Chaos lauerte, das war – offenbar anders als dem jungen Zweig – dem jungen Lazarsfeld bereits bewusst. Und als die Scheinwelt nach Jahren des Massentötens und Massensterbens 1918 nicht wiedererstand, glaubte Paul Lazarsfeld einen Zugang gefunden zu haben, um die Katastrophe erklären und weiteren Katastrophen vorbeugen zu können. Die Erklärung lieferte ihm der marxistische Sozialismus. Lazarsfeld war schon in seiner frühen Jungend der Sozialdemokratischen Arbeiterpartei Österreichs verbunden. Lazarsfelds Perspektive einer dauerhaft friedlichen Welt war an den Sieg des Sozialismus gebunden, der den Ursachen des Unheils die Grundlage entziehen sollte.

Dieses Wien war Zentrum sich hochschaukelnder Konflikte. „The Austrian Mind" (Johnston 1976), der so viele natur- und sozialwissenschaftliche Denkanstöße bewirkt und Lazarsfelds Entwicklung beeinflusst hatte, konnte die wachsenden sozialen und ethnischen Spannungen nicht zudecken. Diese lähmten das Kaiserreich und trugen schließlich mit dazu bei, dass das alte Österreich in einen Weltkrieg taumelte, den es nicht überleben sollte. Vor 1914 hatte der Austromarxismus die Lösung der explosiven Widersprüche der Klassen und der Nationalitäten versprochen – auf parlamentarischem Weg.

Am Beginn des Krieges stellten die sozialdemokratischen Abgeordneten die – relative – Mehrheit des österreichischen Parlaments. Im 1907 und 1911 gewählten Abgeordnetenhaus des österreichischen Reichsrates wurde in polnischer und italienischer, deutscher und tschechischer, ukrainischer und slowenischer Sprache debattiert. Das Fehlen einer Simultanübersetzung musste freilich bei den nicht

2 Wien: Fin de siècle

deutschsprachigen Abgeordneten den Eindruck stärken, letztlich würde diese Vielsprachigkeit nur eine Fassade sein, hinter der sich die faktische Hegemonie des Deutschen verbarg.

Die schillernde Vielfalt Wiens und des alten Österreichs war jedenfalls Teil der ersten Erfahrung, die Lazarsfeld politische sensibilisierte. Diese Vielfalt diente wohl auch als erste Einführung in das Studium der beobachtbaren, einander überkreuzenden Widersprüche, denen er später in den USA begegnen sollte. In Wien um 1900 existierten ebenso wenig wie in New York um 1940 einfache, lineare Identitäten. Dieses Wien war multikulturell und multinational und schien deshalb besonders geeignet zu sein, als Laboratorium für das Studium der Zukunft zu dienen.

Wien, vor 1914 – das war ein Schmelztiegel, der Tschechisch sprechende Bauern aus Mähren, Italienisch sprechende Bauarbeiter aus dem Trentino, Jiddisch sprechende Gewerbetreibende aus Ost- und Polnisch sprechende Handarbeiter aus Westgalizien zu integrieren versuchte; eine Stadt, in der Leon Trotzki und Josef Stalin einige Zeit verbrachten, ohne einander zu begegnen; in dem Adolf Hitler berufliche Erfolglosigkeit erlebte und Josip Broz (Tito) als junger Arbeiter in einer Maschinenfabrik etwas außerhalb von Wien beschäftigt war.

Auf den Bänken des österreichischen Parlaments, des 1911 auf der Grundlage des allgemeinen und gleichen Männer- Wahlrechts gewählten Abgeordnetenhauses, saßen Alcide de Gasperi, Tomas Masaryk und Karl Renner. De Gasperi sollte nach 1945 die politische Schlüsselfigur der demokratischen Republik Italien werden; Masaryk wurde schon 1918 zum „Pater Patriae" der neu gegründeten Tschechoslowakei; und Renner war 1918 und wieder 1945 Kanzler der Provisorischen Staatsregierung der demokratischen Republik Österreich (Judson 2016, 10–15). Wäre es vorstellbar gewesen, dass die konstruktiven politischen Energien de Gasperis, Masaryks und Renners sich hätten bündeln lassen – für den Aufbau einer transnationalen Union, für die noch kurz vor dem Ende des Ersten Weltkriegs – spät, viel zu spät – der Begriff der „Vereinigten Staaten von Groß-Österreich" erfunden wurde?

Das alte Österreich verspielte die Chance, seine Vielfalt und Widersprüchlichkeit zu nutzen und zu einem Modell für ein transnationales Europa zu werden. Die USA hätten für dieses Konzept einer postnationalen Ordnung Europas ein Motto als politisches Leitbild zur Verfügung stellen können: „E Pluribus Unum". Dass Vielfalt und Widersprüche – als einander überkreuzende Identitäten – auch Chancen boten, das wurde zwar von einigen begriffen, aber es konnte politisch nicht umgesetzt werden. Für eine solche Umsetzung war die Zeit schon abgelaufen – und gleichzeitig war die Zeit dafür noch nicht gekommen. Lazarsfeld erhielt später die Möglichkeit, sich in den USA mit der konstruktiven Kanalisierung solcher Widersprüche vertraut zu machen, die das alte Österreich zerstört hatten. In Amerika sollte er das in der Demokratie angelegte Potential zur Konvergenz der Gegensätze erfahren und studieren können. In Amerika konnte er diese Fähigkeit zur Integration beschreiben und analysieren – zur Integration der Widersprüche.

Hineingeboren in eine Familie des säkularisierten Judentums, erlebte Lazarsfeld im Wien seiner Kindheit und Jugend das, was später (etwa in „The People's Choice") von ihm selbst „Cross Pressures" genannt wurde: einander entgegen gesetzte, einander widersprechende gesellschaftliche Faktoren, deren Spannungsfelder persönliches und kulturelles, aber auch und gerade politisches Verhalten unberechenbar machen. Seine Eltern waren Angehörige des Wiener Bürgertums, ja des Großbürgertums, die aber als Österreicher jüdischer Herkunft mit diesem familiären Hintergrund nicht so einfach in die um 1900 nach wie vor politisch und gesellschaftlich dominierende katholisch geprägte Oberschicht zu passen schienen.

Der deutschen Hochsprache mächtig und in akademischen Berufen tätig, repräsentierten Lazarsfelds Eltern ein soziales Dilemma. Objektiv waren sie assimiliert. Aber der herrschende Antisemitismus erlaubte es nicht, dass sie ihre Herkunft aus dem Judentum hätten vergessen können. In seinen „Klasseninteressen" war das säkularisierte jüdische Großbürgertum zwar der „herrschenden Klasse", der „Bourgeoisie", verbunden, und nach seinem ökonomischen Status hätte das jüdische Bürgertum auch Teil des kulturell hegemonialen Milieus sein können – gerade weil es sich selbst nicht als jüdisch verstand. Doch der alltägliche Antisemitismus bezog sich nicht auf eine religiöse jüdische Identität. Der Antisemitismus hatte „die Juden" als „Rasse" konstruiert. Aus dieser „Rasse" gab es kein Entkommen. Und dieser antijüdische Rassismus, der in Österreich nicht viel anders war als in Frankreich oder Russland oder Deutschland, blockierte die volle gesellschaftliche Akzeptanz des zur Assimilation bereiten Judentums. Juden blieben Juden. Das Milieu der „herrschenden Klasse" verweigerte dem assimilierten Judentum den Zutritt (Pauley 1992, S. 27–60).

Nur so ist es erklärbar, dass Familien wie die Otto und Helene Bauers oder Margarethe und Rudolf Hilferdings und eben auch die Sofie und Robert Lazarsfelds sich politisch mit den deklarierten Gegnern bürgerlicher Interessen identifizierten – mit der Sozialdemokratischen Arbeiterpartei, mit einem sich auf Karl Marx berufenden Sozialismus. Die Gegenläufigkeit einer ökonomisch und kulturell begründeten Bürgerlichkeit und eines als aufgezwungen empfundenen Judentums mündete auch im Fall Lazarsfeld in einem Weder – Noch. Weder war dem assimilierten Judentum die Identifikation mit einer der „bürgerlichen" antimarxistischen Parteien erlaubt, noch wollte dieses Judentum für sich eine orthodox-religiöse oder politisch-nationale („zionistische") jüdische Identität akzeptieren. Das sozial assimilierte jüdische Bürgertum neigte daher in erheblichem Umfang zum dritten der um 1900 in Österreich bestehenden politisch-weltanschaulichen „Lager" – zur Sozialdemokratie. Diese war weder „bürgerlich" im Sinne der bestehenden Wirtschaftsordnung noch „jüdisch" im religiösen oder nationalen Sinn (Pelinka 2017, S. 226–236).

Diese Gegenläufigkeit der gesellschaftlichen Faktoren, die Paul Lazarsfeld persönlich erlebte und die ihn prägte, machte ihn sensibel – für die Komplexität einer Gesellschaft, in der das politische Verhalten von einer Vielzahl von Faktoren bestimmt und in der daher die Einstellung zur Politik nicht eindimensional vorgegeben ist. Eben eine solche gesellschaftliche Komplexität und ihre Auswirkungen waren zentraler Bestandteil der Forschungen, die Lazarsfeld der US-amerikanischen empirischen Wahlforschung der 1940er Jahre durchführen sollte. Damit sprengte er die dem Marxismus zumindest tendenziell immanente Vereinfachung, die Bewusstsein und Verhalten auf ein alle anderen Interessen letztlich überlagerndes Klasseninteresse zurückführt. Aber ebenso widersprach diese Einsicht in die Komplexität der gegenläufigen Vielfalt den Simplifizierungen jedes Nationalismus oder einer ausschließlich (oder zumindest primär) religiös bestimmter politischer Orientierung. Die Erfahrung mit der Heterogenität gegenläufiger Bestimmungsfaktoren wie Klasse, Religion, Nationalität, Bildung, Geschlecht und Generation begründete die Antithese zu jeder Form von Fundamentalismus. Die Einsicht in die Vielfalt und Widersprüchlichkeit der Identitäten und Interessen stand jeder eindimensionalen Simplifizierung entgegen.

Das Elternhaus Paul Lazarsfelds war ein Muster für das von ihm später entwickelte Konzept, einander überkreuzender Konfliktlinien zur Erklärung sozialen und politischen Verhaltens zu nutzen: Eine wohlhabende, in jeder Hinsicht „bürgerliche" Familie, deren „Klasseninteresse" mit innerer Logik auf eine Gegnerschaft zum Marxismus hinauszulaufen schien; eine „Bürgerlichkeit", die sich mit hoher Wahrscheinlichkeit auch politisch durch eine mehr oder weniger erkennbare Identifizierung mit einem der beiden „bürgerlichen", politisch-weltanschaulichen „Lager" ausgedrückt hätte – dem katholisch-konservativen Lager und der für dieses sprechenden Christlichsozialen Partei Karl Luegers und Ignaz Seipels; oder mit dem deutschnationalen Lager, das in mehreren Parteien (wie den „Alldeutschen" Georg Schönerers) organisiert war (Pelinka 2017, S. 26–44). Doch dieser sozioökonomischen Klassenlogik stand die jüdische Herkunft entgegen, die – unabhängig vom Ausmaß der religiösen und kulturellen Assimilation – einer Familie wie der Lazarsfelds nicht gestattete, ihre jüdische Identität abzustreifen.

Paul Lazarsfelds Vater, Robert Lazarsfeld (1871–1940), war Rechtsanwalt; seine Mutter, Sofie Lazarsfeld (1882–1976), hatte sich schon früh einen Namen als Individualpsychologin innerhalb des Kreises um Alfred Adler gemacht. Sofie Lazarsfeld war für ihre Zeit das ganz gewiss nicht alltägliche Beispiel einer selbständigen Intellektuellen (Siems 2015). Im „Salon" der Eltern waren Vertreter der progressiven Intelligenz zu Gast, darunter auch führende Vertreter der Sozialdemokratischen Arbeiterpartei wie Otto und Helene Bauer; wie Margarethe und Rudolf Hilferding.

Später sollte Paul Lazarsfeld erklären: „I became a socialist like I became Viennese: by birth."(Neurath 1998, 508) Lazarsfeld war in das sozialistische und Wiener Umfeld seiner Familie hineingeboren. Es war das multikulturelle, in den Jahren vor und auch noch nach 1900 rasant wachsende Wien, das Lazarsfeld erlebte. Und Teil seines kulturellen Umfelds war ein Sozialismus, der sich sowohl demokratisch als auch marxistisch verstand. Der in Wien geborene Hilferding, dessen 1910 publiziertes Buch „Das Finanzkapital" eine wesentliche Rolle in den innermarxistischen Diskursen spielte (Kolakowski 1978, S. 329–342) und der nach 1918 Finanzminister der Weimarer Republik werden sollte, hatte als Freund der Familie offenbar besonderen Einfluss auf das politischen Denken des jungen Lazarsfeld. Der erinnerte sich noch nach Jahrzehnten an eine interessante Episode:

Im Sommer 1916 hatte Lazarsfeld – im Alter von 15 Jahren – einige Zeit mit der Familie Hilferding verbracht. Paul Lazarsfeld zeigte sich im Gespräch mit Rudolf Hilferding besonders an Parlamentswahlen interessiert, die vor 1914 im Deutschen Reich und im Kaiserreich Österreich den Sozialdemokratischen Parteien erhebliche Erfolge gebracht hatten. Jahrzehnte später schilderte Lazarsfeld die Reaktion Hilderdings auf dieses Interesse so:

„He found my attitude rather childish, and said I should rather first know what the Socialist program was all about. We made a compromise that I would read a book by Kautsky if, at the same time, I also got a book on elections. How seriously I read Kautsky at the time I do not know, but for the little book explaining elections, more than fifty years later I still remember the name of the author: Poensgen." (Lazarsfeld 1969, S. 285).

Da kündigte sich bereits der spätere Lazarsfeld an. Der junge Marxist war weniger am innermarxistischen Disput etwa rund um Karl Kautsky oder Rosa Luxemburg interessiert. Sein Interesse richtete sich schon sehr früh auf die Vorgänge, die einige Jahrzehnte später dazu führten, dass er – die marxistischen Theoriedebatten hinter sich lassend – die wissenschaftliche Verantwortung für bahnbrechende Untersuchungen US-amerikanischer Wahlen übernehmen sollte. Das vorrangige Interesse Lazarsfelds galt der Politik, wie sie real stattfand – und nicht der, wie sie sein sollte. Der Vorrang, den er der Empirie einräumte, zeichnete sich schon sehr früh ab.

2 Wien: Fin de siècle

Paul Lazarsfeld wurde jedenfalls schon in frühen Jahren mit der geistigen und politischen Aufbruchsstimmung vertraut gemacht, die vor 1914 auf prinzipielle Reformen des Habsburgerreiches und insbesondere seiner österreichischen „Reichshälfte" drang. Diese Reformideen waren 1914 in einer Sackgasse stecken geblieben. Aber ab 1918 sah die Sozialdemokratie das klein gewordene, nun republikanische Österreich als Versuchungsstation, in der gesellschaftliche Aufklärung und umfassende politische Reformen eine neue Gesellschaftsordnung ermöglichen sollten. Und innerhalb der Sozialdemokratischen Arbeiterpartei wollte Paul Lazarsfeld selbst Hand anlegen, um eine solche neue Ordnung aufzubauen. (Jahoda 1998) Reformideen, die auf eine Demokratisierung des österreichischen Vielvölkerstaates zielten, waren 1914 in dem Chaos untergegangen, das der auch vom alten Österreich verursachte Weltkrieg ausgelöst hatte. Ab 1918 sah die Sozialdemokratie im republikanischen Österreich die Chance, die demokratische Republik als ein Laboratorium zu nutzen – in dem eine neue, eine sozialistische Ordnung hergestellt werden konnte.

Bruno Kreiskys Hintergrund wies viele Gemeinsamkeiten mit dem Paul Lazarsfelds auf. Beide kamen aus einer wohlhabenden bürgerlichen Wiener Familie, deren Wurzeln im Judentum des böhmisch-mährischen Raumes lagen. Beide waren nicht bereit, eine ihnen von außen aufgezwungene jüdische Identität zu akzeptieren. Beide stießen aber wegen ihrer jüdischen Herkunft, die zu vergessen ihnen der gesellschaftliche Antisemitismus nicht erlaubte, an die Grenzen der Toleranzbereitschaft des gesellschaftlich dominanten Milieus – der materiellen Privilegierung ihrer Familien zum Trotz. Beide führte ihr politischer Tatendrang, in Verbindung mit einer kritischen Distanz zu den von krasser Ungleichheit gekennzeichneten Verhältnissen, zur sozialistischen Arbeiterbewegung – in Widerspruch zu ihren so ganz und gar nicht proletarischen persönlichen Lebensbedingungen. Und diesem Tatendrang hatte die 1918 gegründete Republik neue Möglichkeiten eröffnet.

Der zehn Jahre jüngere Bruno Kreisky nahm um das Jahr 1930 Paul Lazarsfeld als einen trotz seiner Jugend bereits prominenten Sozialisten wahr, dem Kreisky sich mit einer fast ehrfürchtigen Haltung zu nähern versuchte. In den sozialistischen Diskussionszirkeln sah sich der spätere österreichische Bundeskanzler als „ein sehr stiller und passiver Teilnehmer" – „denn es gab ja die ‚Großen', allen voran Paul Lazarsfeld und Marie Jahoda" (Kreisky 1986, 104). Lazarsfeld war also bereits sehr früh ein „Großer" unter den Sozialisten. Offenbar strahlte von ihm eine intellektuelle Brillanz aus, die sich in ein politisches Charisma hätte transformieren lassen. Doch Lazarsfeld hatte sich entschieden, sein auch politisches Interesse, seine politische Leidenschaft nicht in eine politische Karriere umzusetzen, wie dies Kreisky machen sollte. Lazarsfeld war von der Wissenschaft fasziniert – von einer Wissenschaft, die sich mit Politik beschäftigte.

Lazarsfeld wurde innerhalb weniger Jahre zu einem intellektuellen Jungstar des linken Flügels der marxistischen Sozialdemokratie Österreichs. Er war, in seiner Jungend, von der Gedankenwelt des „Austromarxismus" erfüllt; von jener spezifisch (alt)österreichischen Interpretation des Marxismus, die – schon vor der russischen Oktoberrevolution – den von Lenin und Trotzki propagierten außerparlamentarischen Weg zum Sozialismus ablehnte, dem Marxismus insgesamt aber weiterhin verbunden blieb.

Lazarsfeld wich in seiner Selbstdarstellung einem besonderen Aspekt der Vielschichtigkeit seiner Herkunft aus. Es war ein Ausweichen, das sich auch bei Otto Bauer und Bruno Kreisky feststellen lässt. In seiner Autobiographie (Lazarsfeld 1969) ignorierte er die Frage nach seiner ethnischen wie auch seiner religiösen Identität. Diese Vernachlässigung entsprach der Tendenz des intellektuellen und assimilierten Judentums im Wien des „Fin de siècle", auf die aggressive Bedrohung durch den herrschenden religiös und/oder „rassisch" begründeten Antisemitismus (Pulzer 1988) mit einer Art Todstell-Reflex zu reagieren. Assimilierte Juden versuchten, die ihnen von der in der Gesellschaft herrschenden Vorurteilsstruktur zugeschriebene jüdische Identität einfach zu übersehen. Eben dieses Ignorieren von fremd bestimmten Identitäten wurde von Lazarsfeld in „The People's Choice" und „Voting" mit Bezug auf die US-Gesellschaft (nicht aber auf sich selbst) aufgegeben, weil er diesen Identitäten die Rolle eines das politische Verhalten (mit) bestimmenden Faktors zuschrieb.

Nur selten thematisiert Lazarsfeld das, was ihm jedenfalls in Österreich, später wohl auch in vielleicht geringerem Umfang in den USA entgegenschlug: die Ablehnung des „Juden" Lazarsfeld, der eigentlich keinen Wert darauf legte, „Jude" zu sein. In seiner Autobiographie führt er als einen Grund für seine Emigration aus Österreich in die USA – einige Jahre bevor der "Anschluss" Österreichs ihn zu dazu gezwungen hätte – folgendes Argument an: "Under the adverse economic circumstances in Austria and the strong current of incipient anti-Semitism, a regular academic career would have been almost impossible" (Lazarsfeld 1969, S. 302).

Weil nicht sein kann, was nicht sein darf: Im marxistischen Verständnis kam einer spezifischen nationalen oder religiösen Identität keine primäre Bedeutung zu. Den assimilierten Jüdinnen und Juden war der Antisemitismus eine peinliche Dummheit, mit der eine Auseinandersetzung nicht den geringsten intellektuellen Mehrwert versprach. Deshalb neigte das sozialistische wie auch das liberale assimilierte Judentum dazu, den Antisemitismus zu ignorieren – eine Neigung, die sich als einer der großen Fehler in der Geistesgeschichte des

2 Wien: Fin de siècle

19. und 20. Jahrhunderts herausstellen sollte. In diesem Ignorieren einer als bloße Dumpfheit abgestempelten Mordlust waren Lazarsfeld und Kreisky nicht allein. Überall in Europa nahmen „Juden" wie Lazarsfeld für sich das Recht in Anspruch, ihre Identität selbst zu bestimmen. Dass diese Identität auch von anderen, also „fremd" bestimmt wurde, das sahen sie als eine aus der Vergangenheit kommende Verirrung, die der auch vom Marxismus in Anspruch genommene Modernisierungsprozess überwinden würde.

Das assimilierte Judentum der Familie Paul Lazarsfelds war fremdbestimmt. Wenn nach Benedict Anderson Nation und nationale Identität nicht objektiv definiert werden können, sondern eine Folge von Wahrnehmungen sind (Anderson 2006); und wenn diese Identitätsstiftenden Wahrnehmungen sowohl selbstbestimmt als auch von der Umwelt konstruiert sind, dann war Lazarsfelds Judentum die Folge der Wahrnehmungen von außen, die gegen seinen Willen das Bild prägten, das andere von ihm hatten.

Der Antisemitismus war die Konsequenz der geistigen Lernunfähigkeit einer Gesellschaft, die an den antijüdischen, über Jahrhunderte tradierten Stereotypien festhielt und sich so „Juden" schuf, gleichgültig, ob diese überhaupt „Juden" sein wollten. Menschen wie Lazarsfeld (oder auch Kreisky) blieben, fremdbestimmt, für ihre Umwelt „Juden".

Österreich: Politik und Universität 3

1918 hatten sich die politischen Rahmenbedingungen für Lazarsfeld und für das ihn umgebende Milieu marxistischer Intelligenz verengt. Das multiethnische Reich war untergegangen, und in der Republik, die 1918 entstanden und der 1919 in St. Germain ein extrem verkleinerter territorialer Rahmen diktiert worden war, sah Lazarsfeld – wie viele andere – eine Chance, wirklich Neues zu gestalten: eine sozialistische Gesellschaft, erkämpft nicht mit den Mitteln eines Revolution genannten Gewaltstreichs à la Petrograd 1917, sondern mit den Mitteln, die von der 1920 beschlossenen demokratischen Verfassung der Republik zur Verfügung gestellt waren. Das Neue sollte eine sozialistische Wirtschaftsordnung sein, geschaffen im Rahmen einer politischen Ordnung, die den Grundsätzen einer parlamentarischen Demokratie entsprach.

Die (deutsch-) österreichische Sozialdemokratische Arbeiterpartei hatte einen Trennungsstrich gegenüber der auch in Österreich gegründeten, aber relativ unbedeutenden Kommunistischen Partei gezogen. Die Sozialdemokratische Partei hatte sich auch im internationalen Kontext von Lenin und von dessen putschistischer Gewaltstrategie distanziert, nicht aber von Marx und dessen Orientierung am Klassenkampf. In prinzipieller Ablehnung des Leninismus entstand die (Zweite) Sozialistische Internationale. In deren Reihen bildete die österreichische Partei den „linken" Flügel innerhalb der sozialdemokratischen Parteifamilie. Dieser Flügel zeichnete sich durch mehr oder weniger erkennbare Unterschiede zu pragmatischen Sozialismus-Varianten aus, die etwa in der britischen Labour Party dominierten, oder auch gegenüber dem von Eduard Bernstein in der deutschen Sozialdemokratie vertretenen „Revisionismus". Diese spezifisch „linke"

© Der/die Autor(en), exklusiv lizenziert durch Springer Fachmedien
Wiesbaden GmbH, ein Teil von Springer Nature 2021
A. Pelinka, *Zur Aktualität von Paul F. Lazarsfeld*,
Aktuelle und klassische Sozial- und KulturwissenschaftlerInnen,
https://doi.org/10.1007/978-3-658-34781-9_3

Position der österreichischen Sozialdemokratie war schon vor 1914 „Austromarxismus" genannt worden (Leser 1968, insbesondere 329–334; Kolakowski 1978, S. 275–342; Bottomore 1983, S. 36–39).

Am 12. November 1918 wurde von Parlamentariern des 1911 gewählten Abgeordnetenhauses des Reichsrates die Republik „Deutsch-Österreich" gegründet. Es waren deutschsprachige Abgeordneten des vielsprachigen Reiches, die im Namen der mehrheitlich deutschsprachigen Regionen des Kaiserreiches agierten. Andere Abgeordnete des alten Reichsrates hatten ihre politische Tätigkeit schon in anderen Zusammenhängen wieder aufgenommen: im Rahmen der neu gegründeten Tschechoslowakei, oder des wieder gegründeten Polens, oder des um Triest und Trient erweiterten Königreiches Italien, oder der Rumänien zugesprochenen Bukowina, oder des schon bald in Jugoslawien umbenannten Königreiches der Serben, Kroaten und Slowenen.

In der 1918 gebildeten Provisorischen Staatsregierung dieser Republik hatten sich Sozialdemokraten, Christlichsoziale und Deutschnationale zu einer Koalition zusammengeschlossen. Die Republikgründung war eine pragmatische Lösung, die von allen – auch von der Sozialdemokratischen Arbeiterpartei – als bloßes Provisorium verstanden wurde: ein Provisorium auch deshalb, weil die Siegermächte in St. Germain Österreichs „Anschluss" an Deutschland untersagt hatten. Und diesem „Anschluss" an die demokratische Weimarer Republik trauerten auch die österreichischen Sozialdemokraten nach – bis 1933, bis die deutsche Demokratie zerstört wurde (Pelinka 2017, S. 45–64).

In der Provisorischen Staatsregierung wurde – auf Vorschlag der Sozialdemokraten – der parteilose Wirtschaftswissenschaftler Joseph Schumpeter Finanzminister, der nach wenigen Monaten seine Funktion zurücklegte, weil er sich mit der Orientierung der Sozialdemokratie am „Anschluss" an Deutschland nicht abfinden wollte. Schumpeter hatte vor 1914 als Professor an der Universität Czernowitz und während des Krieges an der Universität Graz gewirkt. Nach seiner kurzen politischen Karriere wurde er – nach einer Zwischenetappe in der privaten Finanzwirtschaft – Professor an der Universität Bonn, bevor er 1932 an die Harvard University berufen wurde. Ähnlich wie Lazarsfeld kam Schumpeter nicht als Flüchtling in die USA. Er folgte einer Einladung, deren Grundlage seine wissenschaftliche Qualifikation war (März 1983).

1940 veröffentlichte Schumpeter sein Buch „Kapitalismus, Sozialismus und Demokratie". Dieses Werk wurde, was seine Prognosen über die Zukunft des Sozialismus betraf, bald von der politischen Realität widerlegt: Schumpeters Annahme, dass Demokratie mit innerer Logik zu einer weitreichenden Umverteilung von Einkommen und Vermögen von „oben" nach „unten" und in diesem

3 Österreich: Politik und Universität

Sinn zum Sozialismus führen müsste, wurde von der Wirklichkeit nicht bestätigt. Schumpeters Verständnis von Demokratie aber entsprach der Wirklichkeit. Schumpeter definierte Demokratie, in Abgrenzung zur normativen oder klassischen Demokratietheorie, nicht einfach als Volksherrschaft, nicht als „Herrschaft des Volkes, durch das Volk und für das Volk", sondern als Wettbewerb von zwei oder mehr Parteien um die Stimmen der Wählerinnen und Wähler. Mit dieser seiner Definition hatte Schumpeter die demokratische Realität exakt beschrieben (Schumpeter 1950).

Dieses Demokratieverständnis entsprach den politischen Prozessen, die Paul Lazarsfeld untersuchen sollte – 1940 in Erie County, Ohio, und 1948 in Elmira, New York. Schumpeter, der trotz seiner vorübergehenden Sympathie für die Sozialdemokratischen Arbeiterpartei sich nie als Marxist sah, und Lazarsfeld – der Austromarxist der 1920er Jahre – wurden in den USA auf unterschiedliche Weise Repräsentanten eines realistischen Verständnisses von Demokratie. Der Wirtschaftswissenschaftler Schumpeter und der Sozialwissenschaftler Lazarsfeld ergänzten einander, ohne persönlich zusammenzuarbeiten. Lazarsfelds Empirie sorgte dafür, dass Schumpeters Theorie sich von der Wirklichkeit bestätigt fühlen konnte.

Lazarsfeld war nach 1918 in der Organisation der sozialistischen Studenten aktiv. Er war als Erzieher in sozialistischen Jungenlagern tätig – ein Hinweis auf sein schon früh ausgeprägtes Interesse und auf eine diesem Interesse entsprechende Fähigkeit, sein Wissen an andere weiterzugeben. (Lazarsfeld 1969, S. 272 f.) Durch die Kontakte seiner Eltern zu der Führungsgruppe innerhalb der Sozialdemokratischen Arbeiterpartei früh politisch vernetzt, fiel Lazarsfeld bald durch seine intellektuelle Begabung auf. Doch – für viele wohl überraschend – optierte er schließlich nicht für eine politische Karriere im engeren Sinn. Es zog ihn in die Wissenschaft.

An der Universität Wien studierte er Mathematik. 1925 promovierte er mit einer Dissertation, die einen Bezug zu Einsteins Relativitätstheorie aufwies, und unterrichtete für einige Jahre an einem Wiener Gymnasium. Aber schon bald wurde er in den Bann der Psychologie gezogen, wie sie von Karl und Charlotte Bühler vertreten wurde. Die beiden leiteten das Pädagogische Institut der Stadt Wien und lehrten auch an der Universität Wien (Pollak 2008, S. 161 f.). Charlotte Bühler war von Lazarsfelds Kenntnissen in Statistik beeindruckt und verschaffte ihm eine Stelle als Assistent (Neurath 1998, S. 509 f.). Sein frühes Interesse und seine Qualifikation für Mathematik und Statistik waren die Grundlagen für seine Lehrtätigkeit an der Universität. Er war für die Vermittlung sozialwissenschaftlicher Methoden zuständig. Diese Kompetenz weist auf einen durch sein Studium der Mathematik hergestellten Zusammenhang: Für Lazarsfeld als akademischer

Lehrer war eine Ausbildung in Mathematik und Statistik die notwendige Grundlage für jedes sozialwissenschaftliche Studium – und zwar nicht nur in seiner kurzen Zeit an der Universität Wien, sondern und vor allem auch in seinen Jahren an US-amerikanischen Universitäten.

Karl und Charlotte Bühler galten als Antipoden und gleichzeitig als Ergänzung zu Sigmund Freud und dessen nach 1900 bereits in die ganze Welt ausstrahlenden Schule der Psychoanalyse. Freud und die Bühlers hatten keinen persönlichen Kontakt. Freud verstand sich als Mediziner, die Bühlers als sich zur Soziologie öffnende Psychologen. Aber viele der jungen Generation der Wiener Psychologie führten oft ein intellektuelles „Doppelleben", beeinflusst von Freud und auch von den Bühlers (Jahoda 1969, S. 422).

Die Psychologie, wie sie von Karl und Charlotte Bühler vertreten wurde, war in den Jahren nach dem Ersten Weltkrieg eine der wenigen Ausnahmeerscheinungen an der Universität Wien. Diese verharrte insgesamt in einer Welt von gestern. Als ein sich wissenschaftlich neuen Gebieten öffnendes Institut war die Psychologie dem philosophisch innovativen „Wiener Kreis" um Moritz Schlick ähnlich. Die Psychologie im Verständnis vor allem Charlotte Bühlers wies auf neue Wege in der Erziehung; und sie wagte auch einen Schritt in Richtung empirische Sozialforschung und Politische Soziologie (Lazarsfeld 1969, S. 274–276). Und noch etwas zeichnete Karl und Charlotte Bühler aus: Sie kooperierten mit US-amerikanischen Universitäten; eine Verbindung, die für Lazarsfelds Zukunft entscheidend werden sollte.

Lazarsfelds Entscheidung für die Wissenschaft als primäres Karriere- und Lebensziel war keineswegs von Anfang an klar erkennbar. Marie Jahoda berichtete, dass Lazarsfeld in der Anfangzeit des „Roten Wien" für sich sehr wohl auch eine politische Position im engsten Sinn hätte vorstellen können: „His first ambition was to become socialist foreign minister…" (Jahoda 1998, 136) Das mag ein Tagtraum gewesen sein. Aber es war eine Ambition, die deutlich machte, dass Lazarsfeld nicht von vornherein eine politische Karriere in Partei und Regierung ausgeschlossen hatte. Doch die politischen Verhältnisse machten für Lazarsfeld im Laufe der 1920er Jahre das Illusionäre solcher persönlichen Ziele deutlich. Die Wissenschaft rückte wohl auch deshalb endgültig in das Zentrum seiner persönlichen Zukunftspläne. Freilich: Die Politik trat zwar in den Hintergrund – Lazarsfeld hatte es aufgegeben, für sich die Übernahme eines politischen Amtes anzustreben. Aber die Wissenschaft war für ihn nicht eine politikfreie Zone. Und eine solche sollte für ihn die Wissenschaft auch nie werden – nicht in Marienthal und nicht in Erie County.

3 Österreich: Politik und Universität

Lazarsfeld verstand den Marxismus, den er – im Umfeld seiner Familie – von Kindheit an in sich aufgenommen hatte, nicht als sekundärreligiöse Prophezeiung. Der Marxismus war für ihn ein Schlüssel zu einem besseren Verständnis der Gesellschaft und ein Auftrag, diese zu verändern. Verändern aber setzte voraus, dass zuallererst die Strukturen zu erforschen waren, von denen die Gesellschaft bestimmt wurde und wird. In seiner Lebensplanung trat die Politik hinter der Wissenschaft zurück. Aber die Wissenschaft hatte, jedenfalls indirekt, eine politische Aufgabe zu erfüllen. In diesem Sinn war die Wissenschaft eine Fortsetzung der Politik mit anderen Mitteln.

1918 und in den folgenden Jahren gab es an Österreichs Universitäten Soziologie als wissenschaftliche Disziplin nur in Ansätzen, aber nicht organisiert in Instituten oder Studiengängen. Das, was Lazarsfeld suchte – die Einsicht in die Entwicklungsdynamik der Gesellschaft –, das wurde in dieser Zeit an der Universität Wien am ehesten im Fach Psychologie angeboten. Karl und Charlotte Bühler waren mit dem in den USA entstandenen Behaviorismus vertraut, der quantitativen Verhaltensforschung. Mit dieser konnten die an österreichischen Universitäten vorherrschenden, vor allem geisteswissenschaftlichen oder rechtshistorischen Traditionen zunächst wenig anfangen (Lazarsfeld 1969, S. 280–285). Es war die Psychologie, die Lazarsfeld in Wien als Sprungbrett zu nutzen verstand – auf seinem Weg zur Soziologie, zu empirischen Sozialforschung.

Eine damals in Österreich einflussreiche Denkschule, die – anders als die mit dem Namen Sigmund Freud verbundene Psychoanalyse – eine direkte Nutzung der Psychologie für gesellschaftliches Agieren und damit für Politik versprach, war die Individualpsychologie Alfred Adlers. Die Individualpsychologie verband auch Sofie Lazarsfelds Tätigkeit mit der universitären Lehre von Karl und Charlotte Bühler. Alfred Adler war – als wissenschaftlicher Experte und Ratgeber – mit dem „Roten Wien" der 1920er Jahre verbunden. Die von einer deutlichen sozialdemokratischen Mehrheit regierte Stadt eröffnete Gestaltungsmöglichkeiten und damit die Chance, den Zielen des demokratischen Sozialismus so weit wie möglich nahe zu kommen – in der Bildungs-, Sozial- und Gesundheitspolitik (Leser 1968, S. 373–376; Horster 1984). Eine solche Perspektive politischer Umsetzung wissenschaftlicher Einsichten motivierte auch Lazarsfeld.

Die Erfahrungen mit der Politik einer Stadt, die auch eines der neun österreichischen Bundesländer war und deren Mehrheitspartei sich – ebenso wie Lazarsfeld – zum Marxismus demokratischer Prägung (also zum Austromarxismus) bekannte, bestimmten Lazarsfelds weiterführenden wissenschaftlichen Anspruch. Wissenschaftliche Erkenntnisse sollten politisch nutzbar und in diesem Sinn der Gesellschaft gegenüber verantwortlich sein. Doch das „Rote Wien" war zwar – mit gewissen Einschränkungen – in der Lage, die Schulen und das Gesundheitssystem der Stadt zu gestalten, nicht aber die Universitäten. Die damals durchwegs staatlichen Universitäten Österreichs waren in der Kompetenz des Bundes und damit unter der Kontrolle einer zunehmend militant antimarxistisch agierenden „bürgerlichen" Regierungskoalition, in der antidemokratische Tendenzen immer deutlicher in den Vordergrund traten.

In Zusammenarbeit mit der sozialdemokratischen Stadtverwaltung verfasste Lazarsfeld Studien, die vor allem die kausale Verflechtung von Bildung, Berufstätigkeit und politischer Sozialisation betreffen. Dabei konnte er sich auf die Zusammenarbeit mit Charlotte Bühler stützen. Diese Kooperation garantierte Lazarsfelds Studien wissenschaftliche Reputation – und gleichzeitig waren die Ergebnisse dieser Forschungen für die Stadt Wien und damit auch für die Sozialdemokratische Arbeiterpartei von Nutzen (McFarland, Spitaler, Zechner 2020, S. 100–103). Die Kehrseite war, dass sich Lazarsfelds Ruf eines Forschers mit marxistischer „Färbung" verfestigte – so durch seine ersten, veröffentlichten wissenschaftlichen Studien, zum Beispiel „Jugend und Beruf" (Lazarsfeld 1969, S. 278).

Diese Tätigkeiten am Rande universitärer Forschung, die ursprünglich wohl auch als Teil einer Strategie des Einstiegs in eine dauerhafte universitäre Karriere gedacht waren, zeigten Lazarsfelds institutionelle Flexibilität. Die Politik der für die Universitäten verantwortlichen Regierung des „Bürgerblocks" erschwerte zunehmend die universitäre Etablierung einer Forschung, die nicht in das Schema gewohnter Curricula passten – erst recht nicht, wenn diese Forschung als „links" und/oder als „jüdisch" punziert werden konnte. Dass Lazarsfeld schon zur Zeit der Marienthal Studie zur Einsicht gekommen war, der herrschenden Vorurteile wegen an der Universität Wien keine Aufstiegschancen zu haben, war gleichbedeutend mit dem Ende seiner universitären Intentionen in Österreich. Ab 1933 verfolgte er das Ziel einer akademischen Karriere anderswo – in Amerika.

Der Widerstand des in Österreich herrschenden Klimas gegen wissenschaftliche Neuerungen provozierte auch eine „fruitful non-academization of social sciences" (Taschwer 1998, S. 44). Zu den – partiell – außeruniversitären Forschungseinrichtungen, an deren Gründung Lazarsfeld um 1930 beteiligt war, zählte die „Wirtschaftspsychologische Forschungsstelle". Diese war aus der Zusammenarbeit mit Karl und Charlotte Bühler entstanden. Die Forschungsstelle erlaubte Lazarsfeld und anderen, die schon bald das Team für die Marienthal Studie bilden sollten, ihre Forschungstätigkeit am Rande oder auch außerhalb des traditionellen universitären Systems zu organisieren. Überdies ermöglichte die Forschungsstelle wissenschaftliches Arbeiten in einem betont egalitären Stil, der sich deutlich von der traditionell hierarchischen, oft als starr empfundenen Atmosphäre unterschied, die damals an österreichischen und wohl auch insgesamt an europäischen Universitäten herrschte (Fleck 1998, S. 95–97).

Eine Universitätskarriere für Personen, die sich in der herrschenden restaurativen und antisemitischen Atmosphäre der österreichischen Universitäten fremd fühlen mussten, schien jedenfalls schon um 1930 kaum noch möglich. Das gerade auch an der Universität Wien spürbare politische Klima erzeugte eine Mentalität des Argwohns gegenüber innovativem Denken. Dem nach neuen Inhalten und Methoden Ausschau haltenden Lazarsfeld boten dieses Klima und diese Mentalität wenige Chancen. Die mit dem Namen Bühler identifizierte Psychologie an der Universität Wien war eine Ausnahme, und eine solche wurde von der hegemonialen Universitätskultur misstrauisch beobachtet.

Karl und Charlotte Bühler bildeten eine der wenigen Inseln innovativen Denkens in einer von katholisch restaurativem und/oder deutschnational protonazistischem Denken beherrschten universitären Landschaft. Das österreichische Universitätsleben der Jahre zwischen 1918 und 1938 war beherrscht von einem Affekt der Anti-Aufklärung. Dieser Affekt bestand in einer Voreingenommenheit, die sich gegen Revolutionen generell und speziell gegen die Französische Revolution und die mit dieser gleichgesetzten Demokratie richtete. Repräsentant dieser „Universalismus" genannten Schule der Anti-Aufklärung, die zumeist auch mit zumindest implizitem Antisemitismus einherging, war Othmar Spann, Professor an der Rechts- und Staatswissenschaftlichen Fakultät der Universität Wien. Spann war so etwas wie der „Chefideologe" des österreichischen akademischen Lebens dieser Zeit– in engem Zusammenspiel mit dem in Österreich von 1920 bis 1933/1934 parlamentarisch regierenden „Bürgerblock" und erst recht mit dem zwischen 1934 und 1938 etablierten autoritären „Ständestaat" (Taschwer 2015, insbes. 128–132).

Spann beschäftigte sich auch mit Demokratie. Wie er das tat, machte aber klar, dass das Demokratieverständnis Spanns dem Zugang Lazarsfelds diametral entgegengesetzt war – und zwar nicht nur dem Demokratieverständnis des jungen Marxisten, sondern auch und vor allem dem des US-amerikanischen Wahlforschers. Spann verwarf die Demokratie mit Berufung auf Platon und auf die von diesem vermittelten Vorbehalte gegen eine Herrschaft der „Masse". Für Spann war die Demokratie ein „Umgekehrter Machiavellismus, in welchem der Niedere den Höheren beherrscht." (Spann 2013, S. 116) Spanns Zugang zur Politik (und damit zur Demokratie) war normativ-deduktiv. Und die Norm, von der Spann die Ablehnung der Demokratie ableitete, war geprägt von elitärer Arroganz.

Lazarsfelds Wahlstudien in den USA sollten die Antithese zu Spann bilden. Lazarsfelds Demokratiestudien – in Erie County 1940, in Elmira 1948 – waren empirisch-induktiv. Spann lieferte dem autoritären Zeitgeist seiner Ära den ideologischen Überbau und damit die politische Rechtfertigung für eine Absage an die Demokratie. Lazarsfeld beobachtete und beschrieb und analysierte, was sich in der Gesellschaft entwickelte: zu welchen sozialen Verwerfungen die Arbeitslosigkeit in Marienthal führte; und welche Faktoren das Wahlverhalten in Erie County bestimmten. Spann wusste, was er beweisen wollte, bevor er Belege suchte, die seine bereits gefällten Urteile bestätigen konnten. Lazarsfelds Denken blieb offen. Daher konnte er auch das sehen, was seinem eigenen Wunschdenken nicht entsprach, etwa in Marienthal. Spann gab den herrschenden Meinungen den Anschein von Wissen. Lazarsfeld war immer bereit, dieses und jedes andere Wissen als Scheinwissen zu entlarven.

Die universitäre Hegemonie der Spann-Schule führte dazu, dass weder der positivistische „Wiener Kreis", ein regelmäßig zusammentretender interdisziplinärer Diskussionszirkel, dem Moritz Schlick, Otto Neurath, aber auch Karl Popper zugerechnet wurden (Dahm 2004, S. 66–83), noch die „Wiener Schule" der Nationalökonomie (darunter Gottfried Haberler, Oskar Morgenstern und Friedrich Hayek), noch der „Rechtspositivismus" Hans Kelsens sich an Österreichs Universitäten willkommen fühlen konnten (Rathkolb 2004, S. 289–293; Müller 2004, S. 247–261). Die „Wiener Schule" der Nationalökonomie vertrat liberale, dezidiert anti-marxistische Positionen, und auch Kelsen verstand sich nicht als Sozialist. Doch das änderte nichts daran, dass sie dem herrschenden völkisch-deutschnationalen und/oder katholisch-abendländischen Denken als Feindbilder dienten.

Die im weitesten Sinn „liberalen" Dissidenten wurden in den 1920er und 1930er Jahren an Österreichs Universitäten an den Rand gedrängt und in ihrer akademischen Karriere behindert. Othmar Spann und seine antiliberale, antidemokratische Schule bestimmten über akademische Karrieren (Müller 2004, S. 241–247). Die meisten der „Dissenters", die dem Spann-Kreis nicht genehm waren, sollten schon bald ins westliche (vor allem amerikanische) Ausland ausweichen (müssen), und nur wenige wollten oder konnten nach 1945 nach Österreich zurückkehren. Zu diesen, die gingen und nicht mehr zurückkamen, gehörten Karl und Charlotte Bühler wie auch die für die Marienthal Studie Verantwortlichen: Paul Lazarsfeld, Marie Jahoda (Lazarsfelds erste Ehefrau), Hans Zeisel (Taschwer 2015, S. 125–132, 201–235).

Lazarsfeld war somit in bester intellektueller Gesellschaft. Die schon vor 1938 Verdrängten und die 1938 Vertriebenen waren die Creme de la creme des „Austrian Mind". Sie waren die Stimme der Vernunft. Aus der Sicht der 1930er Jahre war es jedenfalls mehr als verständlich, dass Lazarsfeld seine Zukunft in Amerika sah. Denn im Österreich dieser Zeit verhinderten „Ministerialbürokratie und konservativ-klerikale Kräfte in der Universität...erfolgreich ein Eindringen von Exponenten dieser verschiedenen neuen Richtungen." (Fleck 2004, S. 191). In seiner wissenschaftlichen Entwicklung sah Lazarsfeld – zunächst – die „Individualpsychologie als wichtiges und besonders geeignetes Hilfsmittel für die Techniken des Klassenkampfes, d. h. für die sozialistische Erziehung, die Beeinflussung von Kindern und Erwachsenen, die Agitation, die Abschätzung der historischen Möglichkeiten usw." (Lazarsfeld 1927, S. 3) So hatte Lazarsfeld 1927 in Dresden bei einer Konferenz über Marxismus und Individualpsychologie sein Verständnis des Verhältnisses zwischen (seiner) Wissenschaft und (seiner) Politik definiert. Der Lazarsfeld des „Roten Wien" hatte sich zwar schlussendlich für die Wissenschaft entschieden, und diese war in dieser seiner Lebensphase die Psychologie. Aber die Wissenschaft und insbesondere die Individualpsychologie – so Lazarsfelds Sicht vor der Marienthal Studie – sollten wissenschaftliche Erkenntnisse produzieren, die politisch verwertbar waren.

Doch eine Politik, die auf dem strategischen Kernbegriff des Klassenkampfes beharrte, war in Europa insgesamt und auch in Österreich nicht gerade auf Erfolgskurs. Die Sozialdemokratie war im Rückzug, und die antidemokratischen Tendenzen innerhalb des in Österreich regierenden „Bürgerblocks" wurden immer stärker. Lazarsfelds Vorstellung von einer Wissenschaft, die der Sozialdemokratie auf ihrem demokratischen Kurs entscheidende Hilfestellung zu bieten hatte, schien wenig Zukunft zu haben. Die Wirklichkeit versperrte die Aussicht auf Reformen, die Lazarsfeld zu verwirklichen versuchte. Die Strategie des (demokratischen) Klassenkampfes hatte um 1930 in ganz Europa und insbesondere auch in Österreich keine Erfolgschancen. Sie war, so schien es, gescheitert (Pelinka 2017, S. 127–135).

Diese Erfahrung musste bei Lazarsfeld ein allmähliches Umdenken bewirken – bezogen auf das Verhältnis von Wissenschaft und Politik. Der junge Lazarsfeld hatte noch 1927 in Dresden die Wissenschaft als Instrument der Politik gesehen. Was aber, wenn dieses Instrument die vorwissenschaftlich bestimmten politischen Ziele nicht zu erreichen hilft, weil die Politik (konkret: der Austromarxismus) machtlos ist und bleibt? Sozialwissenschaftliche Erkenntnis kann nicht mehr Hilfsmittel der Politik sein, wenn die Politik trotz wissenschaftlicher Beratung auf dem gewünschten Weg nicht vorankommt. In Lazarsfelds Denken begann sich deshalb die Wissenschaft von der Politik zu emanzipieren. Und Marienthal war wohl auch eine wichtige Etappe in Richtung auf ein neues Verständnis vom Verhältnis zwischen Wissenschaft und Politik.

Die politische Entwicklung der demokratischen Republik Österreich – eine Entwicklung, die zur Diktatur des halbfaschistischen „Ständestaates" und schließlich zur Okkupation durch und zur Annexion an das nationalsozialistische

Deutschland führen sollte – verstellte den wissenschaftliches Neuland betretenden Forscherinnen und Forschern mehr und mehr jede persönliche Perspektive. Gegenüber der Enge und der Verbohrtheit, die Österreich in den Jahren um 1930 vorherrschten, waren die USA eine in vielfacher Hinsicht attraktive Option: Amerika als ein „Beacon on the Hill", verstanden als Signal akademischer Freiheit in Verbindung mit einer politischen Ordnung, die trotz der auch Amerika mit aller Wucht treffenden Massenarbeitslosigkeit die entscheidenden Merkmale demokratischer Qualität zu bewahren verstand.

Bevor aber Lazarsfeld und die anderen sozialwissenschaftlichen Neuerer diese Option wahrnehmen wollten oder konnten oder mussten, bewiesen sie mit ihrer Studie über Marienthal, dass für sie zwar eine universitäre Karriere in diesem Österreich ausgeschlossen war, dass sie aber dennoch etwas wissenschaftlich Neues zu schaffen verstanden – etwas, das auch für die „Neue Welt" von Nutzen sein konnte. Zuerst kam Marienthal, eine Studie, die in ihrer Intention, ihrer Methodik und ihren Ergebnissen zeigte, was da an wissenschaftlichem Potential im alten Europa und speziell auch im kleinen Österreich vorhanden war; und dann erst, auch und wesentlich provoziert von der Zerstörung jeder wissenschaftlichen Freiheit fast überall in Europa, wurde die Anziehungskraft der USA unwiderstehlich.

Der Hintergrund zunehmender akademischer Beengung unterstrich, wie ungewöhnlich es war, dass Lazarsfeld mit seinem Team 1930 das Forschungsdesign der Marienthal Studie entwarf – trotz der sukzessiven Einschränkung des intellektuellen Bewegungsraumes in Österreich und auch in Europa generell. Politisch motivierte junge Forscherinnen und Forscher machten sich daran, mit einem neu entwickelten Methodenkanon die Folgen der Krise der kapitalistischen Wirtschaftsordnung am Beispiel eines in seiner Gesamtheit arbeitslos gewordenen Industriedorfes zu untersuchen. Motiviert von einer ethischen Empörung über das Schicksal der Opfer dieser Krise des Kapitalismus entwickelten Lazarsfeld und sein Team die Psychologie weiter – in Richtung Sozialwissenschaften.

Die Forscherinnen und Forscher wollten es nicht dabei belassen, mit den als bekannt vorausgesetzten marxistischen Standardargumenten die unvermeidliche Krisenanfälligkeit des Kapitalismus zu beklagen. Sie wollten in Marienthal nicht einfach nur den Untergang des Kapitalismus und den ebenso unvermeidlichen Sieg des Sozialismus bestätigen. Sie wollten „im Feld", in Marienthal selbst, unter Verwendung neuer empirischer Methoden die realen Lebensumstände der Betroffenen unmittelbar erfahren. Ein Licht am Ende des langen Weges durch die Krise mögen sie zwar erhofft haben. Aber in Marienthal suchten sie nicht Belege für eine bereits gefasste Meinung. Sie waren bereit, ihre Meinung in Frage stellen zu lassen.

Das normativ-deduktive Denken, das nicht nur für die Spann-Schule, sondern auch für das zumindest latent dogmatische Verständnis der an österreichischen Universitäten herrschenden Atmosphäre typisch war, sollte und konnte so überwunden werden: durch das Leben mit den Betroffenen, durch die systematische Erhebung von deren Lebensverhältnissen und unter Nutzung eines intersubjektiv nachvollziehbaren Instrumentariums. 1930 verließ die sozialwissenschaftliche Forschung den Elfenbeinturm Universität – auf der Suche nach der Wirklichkeit.

"Die Arbeitslosen von Marienthal": Die Konfrontation mit der Realität

4

Politische Ziele, wie sie Lazarsfeld verfocht, sind das Eine. Wissenschaftlich gewonnene Erkenntnisse sind etwas Anderes. Beeinflusst vom Wissenschaftsverständnis Karl und Charlotte Bühlers und einer sich zur Soziologie öffnenden Psychologie riskierte der politisch engagierte Lazarsfeld, seine Zielvorstellung von einer gerechten (eben „sozialistischen") Gesellschaft mit der Wirklichkeit zu konfrontieren. Der „Ideologe" Lazarsfeld – würde er den Wissenschaftler Lazarsfeld sich zu Diensten machen? Und war es überhaupt möglich, zwischen diesen beiden Welten, in denen Lazarsfeld sich engagierte, einen Trennungsstrich zu ziehen – also zwischen Politik und Wissenschaft? Oder würde, ja müsste letztlich sich nicht doch die eine Welt gegenüber der anderen durchsetzen?

Was Lazarsfeld als Sozialforscher in Marienthal als Teil seines Anspruches an sich selbst akzeptierte, das war die Trennung zwischen diesen beiden Welten. Dass Lazarsfeld Sozialist war, ist aus der Marienthal Studie äußerstenfalls in Spurenelementen und Forschungsbericht und nur indirekt erkennbar, etwa in dem Mitgefühl für die Opfer der Krise des Kapitalismus. Die verschiedenen Hilfeleistungen, die Lazarsfeld und sein Team für die Arbeitslosen von Marienthal organisierten – etwa die „Kleideraktion" (Lazarsfeld 1975 (2), 28) –,waren zwar mit der Absicht begründet, ein Vertrauensverhältnis zwischen Forschern und Beforschten aufzubauen. Aber eine Empathie der jungen Intellektuellen aus Wien für die verarmten Bewohner des arbeitslos gewordenen Industriedorfes war nicht zu übersehen.

Dass Lazarsfeld später in den USA vor allem seinen Ruf als Soziologe auf einer strikt empirischen Methodologie aufbaute, war auch Ausdruck seines Beharrens auf der Trennung zwischen persönlicher Überzeugung und wissenschaftlicher Qualität. Die Frage, ob Lazarsfeld 1940 zur Zeit der Erhebungen in Erie County noch Marxist war, kann aus „The People's Choice" nicht herausgelesen werden;

außer, man versteht Marxismus als die dem Leninismus immanente Verengung des analytischen Blickes. In diesem Sinn war Lazarsfeld 1940 kein Marxist. Aber die mit dem Namen Lenin verbundene dogmatische Verkürzung hatte auch der Lazarsfeld von 1920 und auch der von 1930 nicht vertreten. 1930 war Lazarsfeld jedenfalls um die Trennung zwischen der Welt der politischen Überzeugung und der Welt des nüchternen Erkennens bemüht. Eine leninistische Parteilichkeit lag Lazarsfeld schon in Marienthal fern. Eine direkte politische Parteinahme wäre der methodischen Nüchternheit des Sozialforschers im Wege gestanden.

Das Treffen von Wissenschaft und Politik fand im südlich von Wien gelegenen Industrieort Marienthal statt. Dort hatte die Wirtschaftskrise zur Einstellung der Textilproduktion geführt, die als einziger industrieller Arbeitgeber die Ökonomie und damit das soziale Gefüge der gesamten Dorfbevölkerung bestimmt hatte. Dort konnte Lazarsfeld eine gesellschaftliche Laborsituation zur Gewinnung von Erkenntnissen nützen. Dort war es möglich, mit einem für die damalige wissenschaftliche Forschung ungewöhnlich hohen personellen Aufwand und einer neuen, komplexen Methodenvielfalt zu untersuchen, welche Konsequenzen Arbeitslosigkeit nach sich zieht. Es ging nicht darum, die ökonomischen Faktoren zu benennen, die zur Arbeitslosigkeit eines ganzen Dorfes geführt hatten. Der wirtschaftliche Hintergrund der Krise konnte als bekannt vorausgesetzt werden. Es ging um die Analyse der Folgen von Arbeitslosigkeit – der psychologischen, sozialen, politischen Auswirkungen (Jahoda, Lazarsfeld, Zeisel 1975, S. 32–36).

Die Feldforschung in Marienthal erstreckte sich über die Jahre 1931 und 1932. Die Ergebnisse wurden 1933 veröffentlicht. Da war Lazarsfeld bereits auf dem Weg in die USA. Als Projektleiter hatte er eine umfangreiche „Einleitung" verfasst. Das kurze Vorwort wurde von Marie Jahoda und Hans Zeisel geschrieben (Jahoda, Lazarsfeld, Zeisel 1975, 9 f., S. 14–31). Lazarsfeld hatte die „Gesamtleitung" des Forschungsteams, das mit neuen Methoden neue Erkenntnisse zu gewinnen versuchte, um die durch Massenarbeitslosigkeit ausgelösten gesellschaftlichen Veränderungen besser verstehen zu können. Lazarsfeld wollte am Beispiel der Dorfgemeinschaft Marienthal die Folgen einer krisenhaften gesellschaftlichen Entwicklung erforschen. Deshalb sollten die Personen und die Familien in Marienthal als Teil der Gesellschaft beobachtet werden. Lazarsfeld und sein Team beabsichtigten, ein „arbeitsloses Dorf" und nicht „arbeitslose Menschen" zu studieren (Lazarsfeld 1969, S. 278). Die Brüche und Umbrüche in diesem Dorf sollten Informationen über Brüche und Umbrüche in der Gesellschaft liefern.

Damit waren die Grenzen einer traditionell verstandenen Psychologie überschritten. In Übereinstimmung mit der Individualpsychologie Alfred Adlers und Charlotte Bühlers gingen Lazarsfeld und sein Team, das die sozialen Verhältnisse des Industriedorfes Marienthal erforschen wollte, von einem kausalen Zusammenhang zwischen individuellem Verhalten und gesellschaftlicher Entwicklung aus. Dabei vermieden sie sowohl einen materialistischen Determinismus, der – latent – im Marxismus angelegt ist, als auch einen naiven Idealismus, der „den Menschen" losgelöst von seinem gesellschaftlichen Umfeld zu sehen versucht.

1930 hatte Marienthal 1486 Einwohner, die in 478 Haushalten lebten. Die Verteilung der Bevölkerung auf Frauen und Männer war ausgewogen. Der Altersaufbau des Dorfes entsprach dem seiner Umgebung. Die große Mehrheit der Bevölkerung in Marienthal gehörte der römisch-katholischen Religionsgemeinschaft an – wie die Mehrheit in Österreich insgesamt und speziell im ländlichen Teil Niederösterreichs. Im Dorf selbst war keine Kirche erbaut worden, zu Gottesdiensten musste die Kirche im Nachbarort besucht werden (Jahoda, Lazarsfeld, Zeisel 1975, S. 35 f.). Lazarsfeld und das Forschungsteam gingen jedoch der Frage nicht nach, wie oft die katholische Bevölkerung von Marienthal im Nachbarort Gottesdienste besuchte; auch nicht, ob es eine Korrelation zwischen religiösem und politischem Verhalten gab. Solche Fragen über die Verbindung von Religion und Politik sollten für Lazarsfeld erst einige Jahre später wichtig werden.

Mit seinen demographischen Merkmalen wies Marienthal eine Struktur auf, die repräsentativ für ein Dorf im „Industrieviertel" südlich von Wien war. Das Besondere war aber die ökonomische Abhängigkeit Marienthals von einem einzigen Industriebetrieb: von der Marienthal Trumauer AG. Das Unternehmen hatte über ein ganzes Jahrhundert hinweg fast allen im Dorf Arbeitsmöglichkeit geboten. Diese Abhängigkeit kam auch in der Wohnsituation der Bewohner zum Ausdruck: Die Beschäftigten lebten in Werkhäusern des Unternehmens und hatten mit diesem einen kollektiven Mietvertrag abgeschlossen. Das Dorf war auf allen Ebenen seines sozialen Gefüges von einem einzigen Betrieb und dessen wirtschaftlicher Entwicklung bestimmt. Dieses Unternehmen, dessen Anfänge in die erste Hälfte des 19.Jahrhunderts zurückreichten, hatte 1929 und 1930 sukzessive die Produktion eingestellt: Der Arbeitgeber – der einzige, der Marienthal ökonomisch am Leben erhalten hatte – war bankrott (Jahoda, Lazarsfeld, Zeisel 1975, S. 32–36). Es war die Arbeitslosigkeit eines gesamten Ortes, die Marienthal aus der Durchschnittlichkeit heraushob.

4.1 Das Erkenntnisleitende Interesse

Finanziert wurde das Projekt von der Wiener Arbeiterkammer und einem Rockefeller Fonds, der unter der Verwaltung von Charlotte und Karl Bühler stand

(Jahoda, Zeisel 1975, S. 10). Dieser finanzielle Hintergrund war eine ambivalente, auf den ersten Blick höchst widersprüchliche Allianz: ein Bündnis aus sozialistischer Arbeiterbewegung und dem Imperium Rockefellers, dessen Name mehr als jeder andere für kapitalistisches Unternehmertum stand. Die Sozialdemokratische Arbeiterpartei, deren Fraktion die Wiener Arbeiterkammer kontrollierte, erwartete sich wissenschaftlich fundierte Aufschlüsse darüber, wie eine dem Austromarxismus verpflichtete Partei auf die Wirtschaftskrise und die dadurch ausgelöste Massenarbeitslosigkeit reagieren könnte. Die von Charlotte und Karl Bühler hergestellte Brücke zur Rockefeller Foundation zeigte nicht nur die Erwartungen an die in den USA weiter als in Europa fortgeschrittenen Methoden der Sozialforschung, sondern auch das Interesse eines der Profitmaximierung verpflichteten Weltkonzerns, mehr über die Folgen einer Krise des Kapitalismus zu erfahren.

Mit dieser Allianz war auch die Verbindung hergestellt, die sowohl Charlotte Bühler wie auch Marie Jahoda, Paul Lazarsfeld und Hans Zeisel ein physisches Überleben und eine zukünftige akademische Heimat garantieren würde. Das aber konnte 1930 den Beteiligten noch nicht klar sein. Es war nicht die Sozialdemokratische Arbeiterpartei und auch nicht die Arbeiterkammer, die das zukünftige wissenschaftliche Wirken Lazarsfelds hätte sichern können, und auch nicht die Republik Österreich. Es war der Wissenschaftsbetrieb der USA, der unter den Rahmenbedingungen eines liberal-kapitalistischen Wirtschaftssystems und einer liberal-demokratischen politischen Ordnung existierte. Es war das Neben- und Miteinander von Kapitalismus und Demokratie, das die Sozialforschung begünstigte und das Marienthal Projekt ermöglichte.

In der von ihm als Projektleiter verfassten Einleitung zur ersten Auflage des Buches machte Lazarsfeld deutlich, was ihn (und das gesamte Forschungsteam) motiviert hatte: „Was wissen wir über Arbeitslosigkeit? .... Zwischen den nackten Ziffern der offiziellen Statistik und den allen Zufällen ausgesetzten Eindrücken der sozialen Reportage klafft eine Lücke, die auszufüllen der Sinn unseres Versuches ist." (Lazarsfeld 1975 (2), S. 24).

Marienthal bot sich als Forschungsfeld an, weil es einerseits repräsentativ war – in seiner Bevölkerungsstruktur, in seiner historischen Entwicklung. Aber andererseits war Marienthal der Extremfall einer Katastrophe des an privaten Interessen orientierten Wirtschafts- und Gesellschaftssystems. Auf eine Periode eines länger andauernden wirtschaftlichen Aufschwungs, der die Identität einer dörflichen Gemeinschaft bestimmt hatte, war ein abrupter Absturz gefolgt. Aus dem Industriedorf war ein Arbeitslosendorf geworden. In Marienthal konnten Aufstieg und Fall kapitalistischer Ordnung studiert werden: Der Kapitalismus war in Marienthal zunächst von Erfolg zu Erfolg geeilt. Aber diese Erfolgsgeschichte

4.1 Das Erkenntnisleitende Interesse

war von der Weltwirtschaftskrise zerstört worden, die in Marienthal ein soziales Desaster ausgelöst hatte. Der lokale Einzelfall eines niederösterreichischen Industriedorfes stand für die Gesellschaft schlechthin.

Lazarsfeld zählte die „Hauptfragen unserer Untersuchung" systematisch auf, gegliedert in zwei Kapitel: Es ging, erstens, um die „Stellung zur Arbeitslosigkeit"; und zweitens um die „Wirkungen der Arbeitslosigkeit". Im Rahmen der ersten Hauptfrage stand die Suche nach persönlichen Alternativen im Zentrum – zum Beispiel die „Stellung zu gelegentlichen Arbeitsgelegenheiten, insbesondere zur Auswanderungsfrage"; die „Typen und Phasen des Verhaltens"; die „Unterschiede zwischen Erwachsenen und Jugendlichen" und die „Unterschiede zwischen Arbeitenden und Arbeitslosen". Der zweite Abschnitt der Fragen konzentrierte sich auf (vermeintlich sekundäre) Folgen – bezogen etwa „auf den physischen Zustand der Bevölkerung", „auf die Schulleistungen der Kinder", auf die Verschärfung oder Verminderung der politischen Gegensätze, auf die „Stellung zur Religion" (Lazarsfeld 1975, S. 30).

Diese Fragestellungen waren – indirekt – Ausdruck der kritischen Distanz Jahodas, Lazarsfelds und Zeisels zu der herrschenden wirtschaftlichen und politischen Ordnung. Aber diese Kritik wurde nicht plakativ ausgedrückt, und sie war auch nicht direkt formuliert. Die Kritik kam indirekt, in demonstrativ nüchterner Form. In dieser vorsichtigen Distanziertheit wurde ein für Lazarsfeld bleibender zentraler Anspruch an die sozialwissenschaftliche Forschung deutlich: Die Forschungsfragen, die Forschungsmethoden und die Forschungsergebnisse dürfen nicht – unbewusst und natürlich erst recht nicht bewusst – von persönlichen Überzeugungen beeinflusst werden. Lazarsfeld ging davon aus, dass auch und gerade die im Zusammenhang mit einem politischen Verwertungsinteresse gewonnenen Erkenntnisse nur dann ihre Aufgabe erfüllen können, wenn die Forschung nicht von einem „Conviction Bias" getrübt wird – vom Einfließen persönlicher Meinungen und einem damit verbundenen Wunschdenken. Davon muss sich sozialwissenschaftliche Forschung freihalten. Eine solche politische Verzerrung wollte der durchaus politische Paul Lazarsfeld unbedingt vermeiden: in Marienthal und auch in den Jahrzehnten danach.

Diese wissenschaftliche Vorsicht änderte natürlich nichts daran, dass die Marienthal Studie politisch motiviert war: Die Studie sollte politisch verwertbare Einsichten liefern. Lazarsfeld definierte sein Erkenntnisleitendes Interesse auch mit Berufung auf den Anspruch der von Karl und Charlotte Bühler formulierten Forschungsstandards: Es musste hinter die „variety of data" vorgedrungen werden. „Mere description was not enough." (Lazarsfeld 1969, S. 283) Hinter den so objektiv wie möglich gewonnenen und ebenso objektiv dargestellten Ergebnissen sollte eine gesellschaftliche Entwicklungstendenz sichtbar gemacht werden.

Deren Interpretation – keinesfalls aber die Forschung selbst – war unvermeidlich politisch.

Um diese Differenzierung zwischen der Forschungsmotivation, der Forschung selbst und der Interpretation der Forschungsergebnisse zu ermöglichen, wurde die historische Dimension berücksichtigt: „Contemporary information should be supplemented by information on earlier phases of whatever is being studied." (Lazarsfeld 1969, S. 282) Damit war das „arbeitslose Dorf" Marienthal in Verbindung zu einer gesamtgesellschaftlichen Dynamik gestellt. Die Folgen der Arbeitslosigkeit konnten nur verstanden werden, wenn sowohl objektive (gewinnbar vor allem aus statistischen Daten) als auch subjektive Faktoren (erhoben durch die Beobachtung des Alltags der Betroffenen) zur Erklärung der sozialen Veränderungen herangezogen werden. Das Heute musste in Verbindung mit dem Gestern gesehen werden. Nur so konnten plausible Vermutungen über das Morgen angestellt werden.

Das Füllen einer Lücke – damit beschrieb Lazarsfeld sein Interesse, das hinter der Marienthal Studie stand, die er mit demonstrativer Vorsicht einen „Versuch" nannte. Im Vorwort zur ersten Auflage machten Marie Jahoda und Hans Zeisel das Ziel dieses „Versuches" deutlich: Es sollte „mit den Mitteln moderner Erhebungsmethoden ein Bild von der psychologischen Situation eines arbeitslosen Ortes" gegeben werden. „Es waren uns von Anfang an zwei Aufgaben wichtig. Die inhaltliche: zum Problem der Arbeitslosigkeit Material beizutragen – und die methodische: zu versuchen, einen sozialpsychologischen Tatbestand umfassend, objektiv darzustellen." (Jahoda, Zeisel 1975, S. 9) Es ging dem Forschungsteam also darum, einen „sozialpsychologischen Tatbestand umfassend" darzustellen. Mit anderen Worten: Die Forscherinnen und Forscher überschritten in Marienthal die Grenzen der Psychologie und erweiterten sie in Richtung Soziologie. Eine als psychologisches Forschungsvorhaben deklarierte Studie wurde zu einem umfassenden sozialwissenschaftlichen Projekt, das nicht mehr in die traditionellen und streng abgegrenzten Kategorien eines etablierten akademischen Fächerkanons passte.

Dem Team ging es auch darum, mit den für die Gesellschaft insgesamt relevanten Ergebnissen Schlussfolgerungen für die Politik zu gewinnen. Das verband die sozialistische (marxistische) Parteilichkeit Lazarsfelds, Jahodas und Zeisels mit dem Anspruch auf wissenschaftliche Objektivität. Diese sollte die Grundlage für ein umfassendes Verständnis des Phänomens Arbeitslosigkeit herstellen; für deren sozialpsychologisch, sozioökonomisch, soziokulturell und natürlich erst recht politisch relevanten Aspekte. Damit sollte politisches Agieren ermöglicht werden, das nicht nur von politischen Wünschen bestimmt war, sondern das von

4.1 Das Erkenntnisleitende Interesse

der objektiv gewonnenen Kenntnis der Wirklichkeit ausgehen konnte. Im Vordergrund stand die Frage nach den Auswirkungen der Arbeitslosigkeit auf die Gesellschaft – beobachtet als Fallstudie eines in seiner Gesamtheit arbeitslosen Industriedorfes. Im Hintergrund war aber auch die Frage deutlich: Welche Konsequenzen ergeben sich aus den durch die Forschung gewonnenen Erkenntnissen für die Politik, speziell für die Politik einer sozialdemokratischen, einer austromarxistischen Partei – und, darüber hinaus, für die Stabilität eines politischen und wirtschaftlichen Systems? Was konnte aus den Forschungsergebnissen abgeleitet werden – für eine politische Reformagenda, für die Strategie einer demokratischen Oppositionsbewegung?

Lazarsfeld war kein eindimensionaler, in diesem Sinn kein naiver Marxist, der mit einer vom Marxismus in Anspruch genommenen Logik das Heraufdämmern einer sozialistischen Revolution beobachten wollte. Einige Zeit vor dem Beginn der Forschungen in Marienthal hatte er eine Aufgabenteilung formuliert, die er später als – auch – ironisch gemeint bezeichnen sollte. Diese „Formel" spricht fast schon für einen Abschied vom Marxismus: Eine kämpfende Revolution verlange nach Ökonomen, eine siegreiche nach Ingenieuren, aber eine besiegte brauche Sozialpsychologie (Lazarsfeld 1975 (2), 13; Fleck 1998, S. 87 f.). Um 1930 war eine demokratische Revolution im Sinne des Austromarxismus in Österreich zwar noch nicht besiegt, aber die Sozialdemokratische Arbeiterpartei war erkennbar geschwächt. Ein Sieg war jedenfalls nicht in greifbarer Nähe. Der Sozialismus – was immer darunter zu verstehen war – stand nicht auf der politischen Tagesordnung, jedenfalls nicht in einer vorhersehbaren Zukunft. In ganz Europa war sichtbar, dass der Faschismus im Aufstieg war – und nicht der Sozialismus. Marienthal war als Forschungsfeld bestens geeignet dafür, die Folgen einer zumindest vorläufigen Niederlage eines sowohl demokratischen als auch revolutionären Sozialismus zu beschreiben. Gefragt waren nicht Ingenieure, gefragt waren Sozialpsychologen.

Der vom Mathematiker zum Psychologen mutierte Lazarsfeld konnte dabei auf seine Erhebungen aus den Jahren vor 1930 zurückgreifen, die sich auf die „proletarische Jugend" konzentriert hatten. Dabei war er bereits von einer Differenzierung des marxistischen Kernbegriffes der „Ausbeutung" ausgegangen. „Ausbeutung" war für ihn nicht nur ein in ökonomischen Daten messbarer Prozess, der einer kapitalistischen Gesellschaftsordnung immanent war. Ausbeutung kam auch in den psychologischen Reaktionen zum Ausdruck, die von den „Underdogs" artikuliert wurden, von den Unterprivilegierten der Gesellschaft. Die Folgen der Ausbeutung kamen vor allem im Verlust von Selbstwertgefühl und

Selbstbewusstsein zum Ausdruck – und, damit verbunden, in der Abnahme politischer Aktionsbereitschaft. „Ausbeutung" ließ sich nicht nur mit ökonomischen Daten erfassen.

Lazarsfeld schrieb diese seine schon vor Marienthal artikulierte Differenzierung eines orthodox marxistischen Verständnisses von Politik und Gesellschaft dem Einfluss Charlotte Bühlers zu. Sie hatte darauf gedrängt, dass er seine Neigung zu einem leidenschaftlichen und moralisch mahnenden („hortative") Stil zugunsten eines nicht oder zumindest nicht vordergründig emotionalen zurücknahm. Die von Lazarsfeld entwickelte stilistische Nüchternheit war weit, sehr weit vom Pathos etwa des von Marx und Engels verfassten Kommunistischen Manifests entfernt – und auch von der Militanz der Rhetorik Lenins und Trotzkis (Lazarsfeld 1969, S. 277–285).

In der Marienthal Studie bewertete Lazarsfeld, auch hier in Abweichung vom orthodoxen Marxismus, den Einfluss unabhängig intervenierender Variablen jenseits von Klasse und Klassenzugehörigkeit, wie etwa Religion oder Geschlecht, nicht einfach nur als „sekundär". Da war schon der Lazarsfeld von „The People's Choice" erkennbar, der von einer Vielfalt von zwar wechselseitig voneinander abhängigen Bestimmungsfaktoren („Political Predispositions") ausging, die aber zueinander nicht in eine Überordnung („primär") und Unterordnung („sekundär") gestellt wurden.

Zu dieser Relativierung des im marxistischen Sinn „Hauptwiderspruchs" – des Gegensatzes der Klassen – gehörte auch, dass dem Faktor Geschlecht vom Projektteam wesentliche Aufmerksamkeit geschenkt wurde. Die Unterschiede in den von der Arbeitslosigkeit ausgelösten Belastungen wurden erhoben und im Forschungsbericht betont. Dabei kam der Zeitmessung besondere Bedeutung zu: „Doppelt verläuft die Zeit in Marienthal, anders den Frauen und anders den Männern. Für die letzteren hat die Stundeneinteilung längst ihren Sinn verloren….Die bei den Männern am häufigsten auftretende Form der Zeitverwendung ist das Nichtstun….Das alles gilt aber nur für die Männer, denn die Frauen sind nur verdienstlos, nicht aber arbeitslos im strengsten Wortsinn geworden. Sie haben den Haushalt zu führen, der ihren Tag ausfüllt. Ihre Arbeit ist in einem festen Sinnzusammenhang, mit vielen Orientierungspunkten, Funktionen und Verpflichtungen zur Regelmäßigkeit." (Jahoda et al. 1975, S. 84, 87, 89).

Damit war das angesprochen, was später als funktionale Ungleichheit für die sozialwissenschaftliche Forschung generell und in seinen Konsequenzen speziell für die Politikforschung als „Gender Gap" zentrale Bedeutung erlangen sollte: die faktische Ungleichheit zwischen den Lebenswirklichkeiten von Frauen und Männern. Diese Ungleichheit existierte trotz der ab 1920 in Österreich im Bundes-Verfassungsgesetz (wie auch in anderen Verfassungen Europas) festgeschriebene

4.1 Das Erkenntnisleitende Interesse

politische Gleichheit der Geschlechter. Marienthal lieferte aussagestarkes Material dafür, dass die weiter bestehende Rollenteilung zwischen den Geschlechtern massive gesellschaftliche Unterschiede mit sich brachte. Rechtliche Gleichstellung bedeutete nicht gesellschaftliche Gleichheit.

Das Interesse des Lazarsfeld- Teams am „Gender Gap" kontrastierte mit einem eigentlich erstaunlichen Desinteresse an ethnischer Vielfalt und deren Auswirkungen auf die Lebensrealität in Marienthal. Der Großraum Wien hatte vor und nach 1900 eine große Anziehungskraft auf Menschen aus allen Teilen des Habsburgerreiches ausgeübt. Marienthal war Teil dieses Großraumes. Die Industriestadt Wiener Neustadt war nahe. Der Bauboom in Wien und die für die Bauwirtschaft Wiens dringend notwendige Gewinnung von Baumaterial am südlichen Rand der Hauptstadt war ebenso ein Magnet wie die Industrialisierung insgesamt. Menschen aus Böhmen und Mähren, Ungarn und der Slowakei, Polen und Galizien, Istrien und Kroatien kamen auf der Suche nach Arbeit in die Metropole und deren Umgebung (Fassmann und Münz 1995, S. 15–20).

Die meisten, die im Zuge dieser „Binnenwanderung" als Bürgerinnen und Bürger des Kaiserreiches nach Wien und Umgebung zogen, hatten eine andere Muttersprache als die deutsche. Die meisten dieser Migrantinnen und Migranten versuchten, sich zu assimilieren – mit mehr oder weniger Erfolg. Es war die Alltagssprache, die sie in der von Vorurteilen bestimmten Gesellschaft des alten Österreich als „Ziegelböhm'", als „galizische Juden", oder als (hörbar aus dem italienischen Teil der Monarchie kommend) „Katzelmacher" auswies. Die Konflikte zwischen den Nationalitäten des Kaiserreiches waren – in teilweise veränderter Form – auch auf die Republik übertragen worden. Zwar war das neue, das republikanische Österreich von der deutschen Sprache als offizieller Staats- und eindeutiger Mehrheitssprache bestimmt, aber Hunderttausende – vor allem in Wien und Umgebung – hatten, an ihrer Alltagssprache erkennbar, ihre Wurzeln nicht im deutschsprachigen Teil des alten Österreich.

Lazarsfeld schenkte dieser sich in der Sprachfärbung ausdrückenden ethnischen Vielfalt in Marienthal keine Aufmerksamkeit. Auch wenn Marienthal von dieser Vielfalt 1930 nicht (mehr?) betroffen gewesen wäre – ein Hinweis auf eine solche mögliche, für das Österreich von 1930 keineswegs typische Abwesenheit ethnisch- sprachlicher Heterogenität wäre zu erwarten gewesen; insbesondere im Vergleich mit der Bedeutung, die Lazarsfeld später in seinen amerikanischen Wahlstudien der ethnischen Heterogenität als Bestimmungsfaktor des Wahlverhaltens einräumen sollte. Vermutlich war zur Zeit der Marienthal Studie noch eine besondere sozialdemokratische Voreingenommenheit wirksam, die sich auch in Lazarsfelds Neigung ausdrückte, das höchst ambivalente Phänomen jüdischer

Identität zu ignorieren. In den USA konnte er nicht mehr der explosiven ethnischen Vielfalt einer Einwanderungsgesellschaft ausweichen. In Marienthal war das noch möglich.

Besonders aufschlussreich für das Projekt war, dass Lazarsfeld in seiner Einleitung zur Erstauflage 1933 ausdrücklich das methodische Neuland hervorhob, dem eine wesentliche Rolle im gesamten Projekt in Marienthal zukommen sollte. Die Erprobung der Methoden war Teil des Erkenntnisleitenden Interesses. Lazarsfeld sah in den für Marienthal ausgewählten und entwickelten Forschungsmethoden nicht nur ein Instrument. Die innovative Methodenvielfalt des Projektes war für Lazarsfeld mehr als ein Weg zum Ziel, sie war auch Ziel selbst. Die Methoden des „soziographischen Versuches" und deren Brauchbarkeit sollten systematisch reflektiert und auch zur Diskussion gestellt werden. „Die Nützlichkeit der von uns verwendeten Methoden wird der Leser nach den Ergebnissen beurteilen können." (Lazarsfeld 1975 (2), S. 31).

Mit dem „Leser" war wohl nur ein interessierter kleiner Kreis gemeint – die am wissenschaftlichen Diskurs Beteiligten. Sie sollten die Ergebnisse des Projektes nicht losgelöst von den Methoden beurteilen. Der „Leser", also die „Scientific Community", die wissenschaftliche Gemeinschaft, war direkt aufgefordert, die Zukunftsträchtigkeit der Methoden zu bewerten: Die Methoden wurden so zum Inhalt. „Die Arbeitslosen von Marienthal. Ein soziographischer Versuch" war auch ein methodologisches Experiment.

4.2 Der methodische Zugang

Die Marienthal Studie war von der Forschungstechnik charakterisiert, die als „Teilnehmende Beobachtung" in die Begriffswelt sozialwissenschaftlicher Forschung eingehen und deren Zukunft beeinflussen sollte. Mitglieder des Teams lebten im Winter 1931/1932 mehrere Wochen in Marienthal. Sie teilten das Leben der Dorfgemeinschaft. Die Distanz zwischen denen, die forschten und denen, über die geforscht wurde, sollte auf diese Weise so weit wie möglich überbrückt werden. Das Team war in das Dorf integriert, die Forscherinnen und Forscher wurden Teil des dörflichen Lebens.

Diese Integration in die dörfliche Gemeinschaft stieß aber unvermeidlich an Grenzen. Die „Teilnehmende Beobachtung" konnte die kulturelle und damit auch die soziale Differenz zwischen den Dorfbewohnern und dem Forschungsteam nicht einfach aufheben. Dessen war sich Lazarsfeld auch bewusst: „…das subjektive Moment, das jeder Beschreibung eines sozialen Tatbestandes anhaftet,

4.2 Der methodische Zugang

haben wir auf ein Minimum zu reduzieren versucht, indem wir alle Impressionen wieder verwarfen, für die wir keine zahlenmäßigen Belege finden konnten." (Lazarsfeld 1975 (2), S. 25) Dieses „subjektive Moment" bestand vor allem in der vorgegebenen kulturellen Distanz zwischen dem dörflich-proletarischen und dem städtisch-intellektuellen Milieu; ein Abstand, der auch in einer teilweise vorgegebenen unterschiedlichen Sichtweise gesellschaftlicher Verhältnisse bestand.

Dies bedeutete eine Gratwanderung. Die Forscherinnen und Forscher sollten im Dorf leben und mit der Bevölkerung im Alltag verbunden sein. Sie sollten sich so weit wie möglich in die Gemeinschaft des Dorfes einfügen. Lazarsfeld und sein Team wollten und durften aber das nicht auslösen, was in späteren Studien – in „The People's Choice" etwa – als der Interviewereffekt berücksichtigt wurde, den es unbedingt zu vermeiden galt. Die Tatsache, dass die Menschen in Marienthal für mehrere Wochen von einem kleinen Team dorffremder Personen ständig beobachtet wurden, sollte das Verhalten und die Aussagen der Frauen und Männer des Dorfes möglichst nicht beeinflussen. Das sollte auch dadurch erleichtert werden, dass zwar Lazarsfeld, Jahoda und Zeisel in ihrer politischen Orientierung sozialistisch waren, aber im Team „sich…Mitarbeiter aller politischer Richtungen fanden". Und so „konnten wir durch Bildungsfunktionäre, Vorturner und dgl. Eingang in alle Marienthaler Vereinigungen finden." (Lazarsfeld 1975 (2), S. 29).

Die Entwicklung von Gemeinsamkeiten zwischen dem Forschungsteam und den Bewohnern von Marienthal folgte einem Grundsatz: „Es war unser durchgängig eingehaltener Standpunkt, dass kein einziger unserer Mitarbeiter in der Rolle des Reporters und Beobachters in Marienthal sein durfte, sondern dass sich jeder durch irgendeine, auch für die Bevölkerung nützliche Funktion in das Gesamtleben einzufügen hatte" (Lazarsfeld 1975 (2), S. 28). Damit hatte Lazarsfeld den Unterschied zwischen „Beobachtung" und „Teilnehmender Beobachtung" hervorgehoben. Lazarsfeld und das gesamte Team sollten das Dorf nicht nur beobachten, sondern auch am Leben des Dorfes teilhaben. Dennoch: Auch wenn die Forscherinnen und Forscher (die als solche für alle im Dorf erkennbar waren) für eine bestimmte Zeit im Dorf lebten, und auch wenn sie für manche Bewohner vielleicht Freunde werden konnten – letztlich mussten sie Fremde bleiben.

Das Forschungsteam legte großen Wert darauf, dass ihre Anwesenheit im Dorf nicht als eine Invasion empfunden wurde – auch nicht als eine wohlmeinender Menschen, die aber dennoch fremd bleiben mussten. Das unterschied die „Teilnehmende Beobachtung" von der „Aktionsforschung", bei der nicht ausgeschlossen werden kann oder auch nicht soll, dass die soziale Beobachtung sich zu politischer Belehrung entwickelt. Die Forscherinnen und Forscher konnten zwar ihre Expertenrolle nicht verbergen. Diese durfte sich aber keinesfalls zu einer Führungsrolle entwickeln.

Dennoch: Lazarsfeld und sein Team waren nicht abseits stehend. Sie waren keine Gruppe streng neutraler Beobachterinnen und Beobachter. Sie beteiligten sich am Leben im Dorf. Zu dieser Beteiligung zählten folgende Aktionen: eine Kleideraktion, die gesammelte Kleider- und Wäschestücke in das Dorf brachte; ein Schnittzeichenkurs, durch den das „Tätigkeitsbedürfnis der Arbeitlosen befriedigt wurde"; ärztliche Behandlung in Form von wöchentlichen Sprechstunden, organisiert von ärztlichen Mitarbeiterinnen des Teams; Mädchenturnkurse und Erziehungsberatung. Eine potentielle Grenzüberschreitung war, dass Lazarsfeld unter diesen Aktionen auch „Politische Mitarbeit" anführt. Das aber sollte nicht als eine verschleierte politische Beeinflussung verstanden werden, sondern als ein Versuch des Teams, sich in vorhandene politische Milieus einzufügen, um so kritische Äußerungen über lokale Verhältnisse registrieren zu können (Lazarsfeld 1975 (2), S. 28–30).

Die Beteiligung am Dorfleben war nicht als politischer Aufklärungskurs und schon gar nicht als politische Mobilisierung gedacht. Das hätte sehr leicht in von Teammitgliedern organisierte politische Aktivitäten umschlagen können. Die Forscherinnen und Forscher sollten nicht belehren, um zu verändern. Sie sollten beobachten und festhalten, wie im Dorf agiert und gesprochen wurde. Und dazu gehörte auch die Beobachtung des politischen Lebens. Das Team beteiligte sich am Alltagsleben in Form sozialer Servicefunktionen, geleitet von der Annahme, dass die Wahrnehmung solcher Aufgaben in einer von umfassender Arbeitslosigkeit gezeichneten Gemeinschaft einfach als Alltagshilfe verstanden werden konnte. Teil dieser Servicefunktionen war es aber nicht, die Dorfgemeinschaft zu politischem Handeln zu motivieren.

Die durch „Teilnehmende Beobachtung" („Reactive Methods") gewonnen Erkenntnisse wurden mit der Erfassung vorliegender oder speziell erhobener statistischer Daten („Non-Reactive Methods") verbunden. Zu diesen Daten zählten: Offizielle Statistiken (Wahlresultate, Mitgliederzahlen der Vereine, demographische Entwicklung, Beschwerden an die Industriekommission), öffentlich zugängliche Daten (Mitteilungen über die Fürsorgetätigkeit der Gemeinde, der Fabrik, des Pfarrers, oder auch Umsatzzahlen des Gasthauses, der Geschäfte und Gewerbebetriebe), die Analysen von Dokumenten (Schulaufsätze, Buchführungen, Büchereientlehnungen, Zeitungsabonnements, Tagebücher) und auch Messungen der Gehgeschwindigkeiten, um Veränderungen in der alltäglichen Dynamik des Dorfes registrieren zu können (Lazarsfeld 1975 (2), S. 26 f.; Fleck 1998, S. 99). Die vorhandenen Daten der offiziellen Statistiken wurden ergänzt durch die Quantifizierung des Alltagsverhaltens der Menschen. So wurde die eine

4.2 Der methodische Zugang

Säule aufgebaut, von der Erkenntnisse abgeleitet werden konnten. Die andere Säule bildeten die persönlich durchgeführten Erhebungen.

Erhebungen erfolgten in Form von Hausbesuchen, die der Befragung von 100 Familien dienten. Den Einstieg in die Befragungen sollten die verschiedenen Aktivitäten erleichtern, die vom Forschungsteam gestartet wurden – wie die Kleideraktion, mit der in Wien gesammelte Kleidung im Dorf verteilt wurde. Im Zuge der Hausbesuche konnte eine Gesprächsatmosphäre hergestellt werden, die es den Bewohnern von Marienthal erlaubte, ihre Lebensgeschichten zu erzählen und Materialien zur Verfügung zu stellen, die für das Forschungsinteresse des Teams wichtig sein konnten – etwa über Essgewohnheiten oder auch ausgefüllte Fragebögen über die Verwendung von Zeit (Jahoda, Lazarsfeld, Zeisel 1975, S. 64).

Die Erhebungen konnten für sich in Anspruch nehmen, Ergebnisse hervorzubringen, die für das Dorf Marienthal repräsentativ waren. Und sie waren repräsentativ gerade auch wegen ihrer Komplexität. In der Verknüpfung von verschiedenen Methoden („Reactive" und „Non-Reactive") war die Enge einer bloß quantitativen Forschung gesprengt. Die Methodenvielfalt des Marienthal Projektes sorgte für ein Sowohl – Als auch, für eine Balance zwischen quantitativer und qualitativer Forschung.

Hans Zeisel verwies in einem eigens verfassten Schlusskapitel des Forschungsberichtes auf die potentiellen Verbindungen der in Marienthal zur Anwendung gekommenen Soziographie zu den in den USA schon um 1930 etablierten Umfragetechniken. Aber diese bereits bestehende Verbindung zwischen der österreichischen, aus der Psychologie kommenden Forschung und den Survey-Techniken der USA war entwicklungsbedürftig. Das Marienthal Team hatte von den in den USA bereits etablierten Methoden gelernt, aber eine Synthese zwischen der am Wiener Psychologischen Institut entwickelten Methode und der US-amerikanischen Umfrageforschung war noch ausständig:

„Es ist erstaunlich, dass gerade in den neuesten repräsentativen amerikanischen Surveys die Synthese aller Methoden, die so sichtbarlich (*sic*) in der Entwicklung der amerikanischen Erhebungstechnik angelegt war, nicht zum Durchbruch kommt. Der Grund scheint uns in der spezifischen Psychologie zu liegen, auf die sich die Amerikaner gegenwärtig stützen: wir meinen den Behaviorismus....Ein wesentlicher Fortschritt kam hier durch die Arbeiten des Wiener Psychologischen Instituts, insbesondere durch die entwicklungspsychologischen Untersuchungen Charlotte Bühlers." (Zeisel 1975, S. 138).

Damit kündigte sich an, was Jahoda, Lazarsfeld und Zeisel nach ihrer Übersiedlung in die sozialwissenschaftliche Forschungskultur der USA (und im Fall Marie Jahodas auch in die des Vereinigten Königreiches) einbringen wollten und konnten. Ihr Einstieg in die amerikanische Forschungswelt erfolgte mit Berufung auf die Arbeiten Charlotte Bühlers, insbesondere aber auf die von ihnen selbst entworfene und umgesetzte Marienthal Studie. Damit konnten sie eine Vertiefung und Erweiterung des Behaviorismus erreichen, der quantitativen Erforschung menschlichen Verhaltens. Diese Vertiefung und Erweiterung hatten die Autorin und die beiden Autoren in ihrer Marienthal Forschung demonstriert. Jahoda, Lazarsfeld und Zeisel sollten nicht nur als Lernende in die US-amerikanische akademische Landschaft kommen. Sie hatten auch etwas beizutragen, zu dem, was Zeisel die „Synthese aller Methoden" nannte. Sie brachten ihre Erkenntnisse und Erfahrungen, die sie in Marienthal gewonnen hatten, mit in die „Neue Welt".

Die eingeforderte Synthese von Soziographie und Behaviorismus konnte sich in Österreich, aber auch in Europa generell in den 1930er Jahren nicht weiterentwickeln. Die mit dem Namen Bühler identifizierte Psychologie stand bereits unter dem Generalverdacht, wenn schon nicht marxistisch, so doch „jüdisch" zu sein. Die Forschungsergebnisse, die aus diesem Institut kamen, wurden in dem an Österreichs Universitäten zunehmend herrschenden autoritären Klima kaum beachtet. Aber zur Synthese in Amerika konnte die „vertriebene Vernunft" (Stadler 2004) beitragen, die Migration aus Europa, die vor allem ab 1933 den wissenschaftlichen Diskurs in den USA bereicherte. Unter den Stimmen dieser Vernunft sollte sich die von Paul Lazarsfeld besonderes Gehör verschaffen.

Die Marienthal Studie wurde zum Zeitpunkt ihres Erscheinens und in den Jahren danach kaum wahrgenommen. Die in Österreich und in Europa insgesamt herrschende Entwicklung in Richtung Diktatur hatte für die Erkenntnisse der empirischen Sozialforschung kaum Verwendung. Vieles, was als „links" und/oder als „jüdisch" punziert werden konnte, war von vornherein obsolet. In den Jahren nach 1945 aber wurden „Die Arbeitslosen in Marienthal" im sozialwissenschaftlichen Diskurs mehr und mehr beachtet – zunächst in Amerika, wo vor allem die Methoden der Untersuchung besonders gewürdigt und weiterentwickelt wurden; und dann auch in Europa.

Es waren also nicht die unmittelbar politisch verwertbaren Erkenntnisse, es war die Methodologie der Studie, die – mit historisch erklärbarer Verspätung – „Die Arbeitslosen von Marienthal" innerhalb der sozialwissenschaftlichen Forschungsszene bekannt machte. „Marienthal" wurde international bekannt: in Amerika, und später auch in der „Alten Welt", in den Jahren nach 1945 beschränkt auf Westeuropa. In Europa und speziell in Österreich wurde die Studie, die sich im Untertitel bescheiden „Ein soziographischer Versuch" genannt hatte, in der zweiten Hälfte des 20.Jahrhunderts „wiederentdeckt" – wie in den USA vor allem mit Bezug auf ihre methodisch innovative Qualität.

In der erstmals 1951 veröffentlichten umfassenden Darstellung sozialwissenschaftlicher Methodologie „Research Methods in Social Relations" (Selltiz et al. 1951) wurde die in Marienthal verwendete Methode als bahnbrechend vermerkt und als Beispiel für eine verdeckte, aber teilnehmende Beobachtung gewürdigt. Als neu in der in Marienthal angewendeten Methode galt vor allem die große Sensibilität, mit der darauf geachtet wurde, dass die Forschungstätigkeit „keine negativen Auswirkungen auf die beobachteten Personen" aufzeigten. Die teilnehmende Beobachtung, das Leben des Forschungsteams inmitten der dörflichen Gemeinschaft Marienthal, hatte die Resultate nicht verzerrt (Selltiz et al. 1972, S. 259). Auf die Vermeidung solcher möglichen Verzerrungen in Form des „Interviewer Effekts" wurde ja auch in „The People's Choice" und in „Voting" großer Wert gelegt: durch das Nebeneinander der nur einmal befragten Kontroll- Panels und der mehrfachen Befragung von Wählerinnen und Wähler. Die im Verlauf von Monaten regelmäßig befragten Wählerinnen und Wähler könnten ja durch den relativ intensiven Kontakt mit Mitgliedern des Forschungsteams vielleicht ihre Repräsentativität verlieren.

4.3 Erkenntnisgewinn

Die Studie kam zu einem aussagestarken und politisch ernüchternden Ergebnis: Die ökonomische Krise hatte bei den Bewohnern Marienthals nicht eine revolutionäre Aufbruchsstimmung, sondern Resignation und Apathie hervorgerufen. Die Arbeitslosigkeit stärkte nicht das Interesse an Politik, sie förderte politische Gleichgültigkeit. Schon die Überschrift des Kapitels des Projektberichtes, der die gewonnenen Erkenntnisse zusammenfasste, signalisierte die Summe der Beobachtungen und Analysen: „Die müde Gemeinschaft". (Jahoda et al. 1975, S. 55) Wirtschaftskrise und Arbeitslosigkeit hatten die Dorfgemeinschaft nicht lebendig, sie hatten sie müde gemacht.

Diese „Müdigkeit" zeigte sich jedoch nicht in den formellen politischen Aktivitäten: Die Beteiligung bei den Wahlen (Gemeinderat 1929, Nationalrat 1930, Landtag 1932) lag kontinuierlich über 90 %, und bei allen diesen Wahlen konnte die Sozialdemokratische Arbeiterpartei in Marienthal mit etwa 80 % Stimmenanteil ihr dominante Position behaupten (Jahoda et al. 1975, S. 61). Ein Blick nur von außen hätte Normalität signalisieren können. Eine völlig andere Interpretation legte der Blick von innen nahe.

Der in den offiziell zugänglichen Daten zum Ausdruck gebrachten scheinbaren politischen Stabilität zum Trotz wurde vom Forschungsteam ein „Rückfall von der höheren kulturelle Stufe der politischen Auseinandersetzung auf die primitivere der individuellen gegenseitigen Gehässigkeiten" festgestellt: Zwischen 1928/1929 und 1930/1931 stieg die Zahl der Anzeigen von Einwohnern Marienthals gegen andere Bewohner ihres Ortes von 9 auf 28 (Jahoda et al. 1975, S. 61 f.). Diese Anzeigen, oft anonym und oft auch als individuelle Racheakte einzustufen, waren Anzeichen für das Zerbröckeln eines Gemeinschaftsgefühls, einer dörflichen Solidarität. Marienthal war Anfang der 1930er Jahre nicht mehr die Solidargemeinschaft, die sie davor gewesen war – und das nicht trotz, sondern wegen der Massenarbeitslosigkeit und der darin zum Ausdruck kommenden Krise des Kapitalismus. Die Solidarität innerhalb der „Arbeiterklasse" war Opfer der Krise.

Ausdruck der sich in Marienthal ausbreitenden gesellschaftlichen Müdigkeit war das abnehmende Interesse am Lesen. Zwischen 1929 und 1931 sank die Zahl der Entlehnungen von Büchern aus der Arbeiterbibliothek des Dorfes um 48,7 %, und die Zahl der entlehnten Bände pro Person sank von 2,3 auf 1,6 – obwohl für die Entlehnung, im Gegensatz zur Zeit davor, keine Gebühr mehr zu bezahlen war (Jahoda et al. 1975, S. 57). Und auch das abnehmende Interesse an Politik war vielfach zu beobachten, trotz der auch noch bei der letzten freien Wahl 1932 hohen und stabilen Wahlbeteiligung.

Typisch für dieses rückläufige Interesse war die Äußerung von einem „führenden politischen Funktionär des Ortes": „Früher habe ich die Arbeiterzeitung auswendig können, jetzt schau ich sie nur ein biß'l an und werf' sie weg, trotzdem ich mehr Zeit hab." (Jahoda et al. 1975, S. 58) Obwohl die Sozialdemokratische Partei in Marienthal weiterhin in souveränem Stil Wahlen zu gewinnen vermochte, war die Kommunikation zwischen der Parteispitze und der Parteibasis in Marienthal fast schon zusammengebrochen – ausgedrückt in rückläufigen Bereitschaft, sich politische Informationen aus dem offiziellen Zentralorgan der Partei, der „Arbeiterzeitung", zu beschaffen.

Die Ursachen für die politische „Müdigkeit", die auch im Rückgang des Mitgliederstandes der Sozialdemokratischen Partei in Marienthal zwischen 1927 und 1931 um 33 % zum Ausdruck kam (Jahoda et al. 1975, S. 59), wurden durch die Forschungsergebnisse zumindest indirekt aufgezeigt: der Verlust einer positiven Zukunftsperspektive. Es fällt aber auf, dass Lazarsfeld – weniger als ein Jahrzehnt vor „The People's Choice" – der Frage nicht explizit nachging, wie die Bewohner von Marienthal selbst diese Divergenz zwischen stabilem Wahlverhalten und rasant abnehmendem politischem Interesse jenseits des Wählens erklärten. Und trotz des auf die Unterschiede im männlichen und weiblichen Alltagsverhalten gerichteten Augenmerks wurde in der Studie die Frage nach Unterschieden im Wahlverhalten zwischen Frauen und Männern nicht gestellt. Eine – mögliche

4.3 Erkenntnisgewinn

– Erklärung ist, dass diese im engeren Sinn „politischen" Fragen, die für Lazarsfelds Wahlstudien ab 1940 so bestimmend werden sollten, in Marienthal einfach noch nicht vom Radarschirm des Forschungsinteresses erfasst waren. Lazarsfeld war in Marienthal ein sich zum Soziologen wandelnder Psychologe. Er war noch kein politischer Soziologe.

Im Vergleich mit Lazarsfelds späteren Wahlstudien fällt auf, dass keine Erkenntnisse über den Zusammenhang von Faktoren wie Geschlecht oder religiöse Aktivität auf der einen und Wahlverhalten auf der anderen Seite gewonnen werden konnten. Für die Gewinnung solcher Ergebnisse wäre das methodische Instrumentarium, das in Marienthal genutzt wurde, auch nicht geeignet gewesen: Gespräche bei Hausbesuchen sind für die Gewinnung vieler Erkenntnisse geeignet – wie etwa die Verteilung familiärer Aufgaben auf Frauen und Männer. Aber solche Gespräche ersetzen nicht die Präzision einer Erhebung, in der die nach dem Grundsatz der Repräsentativität ausgewählten Befragten unter Zusicherung der Anonymität ihre politische Präferenz angeben. Die Erhebung der parteipolitischen Präferenzen stand freilich auch gar nicht Zentrum des Interesses, das hinter dem Marienthal-Projekt stand.

Die „Müdigkeit" der Gemeinschaft widersprach der traditionellen marxistischen Erwartung, dass eine umfassende Krise des Kapitalismus die revolutionären Energien der „Arbeiterklasse" wecken und stärken würde. Für die Sozialdemokratische Arbeiterpartei, der sich Lazarsfeld nach wie vor verbunden fühlte, mussten die in Marienthal gewonnenen Erkenntnisse enttäuschend, ja desillusionierend gewesen sein. Auf der Grundlage der Hausbesuche und der protokollierten Gespräche – also auf empirischer Grundlage – fasste das Forschungsteam die einzelnen in die Gespräche einbezogenen Personen zu verschiedene „Haltungstypen" zusammen:

- Die „Ungebrochenen", die teilweise erfolgreich ihr Alltagsleben so aufrecht halten konnten, wie es vor der Arbeitslosigkeit war;
- Die „Resignierten", deren Erwartungen und Ansprüche an die Zukunft wesentlich verringert waren;
- Die „Gebrochenen", deren Alltag sich radikal verschlechtert hatte und die kaum noch Hoffnung auf eine positive Zukunft für sich und für ihre Familie hatten.
- Die „Gebrochenen" wurden in zwei Untergruppen geteilt – in die „Verzweifelten", die ihr Alltagsleben noch in Ordnung zu halten vermochten, und die „Apathischen", die jeden Versuch aufgegeben hatten, dem sozialen Absturz etwas entgegenzusetzen (Jahoda, Lazarsfeld, Zeisel 1975, S. 74–82).

Von den 100 in diese Erhebung durch Hausbesuche und protokollierte Gespräche einbezogenen Familien wurden 48 als „resigniert", 25 als „apathisch", 16 als „ungebrochen" und 11 als „verzweifelt" eingestuft (Jahoda et al. 1975, S. 70–75). Resignation, Apathie und Verzweiflung waren aber Haltungen von Personen, die eine noch immer starke parlamentarische Kraft wie die österreichische Sozialdemokratie nicht mehr oder kaum noch mobilisieren konnte. Die Arbeitslosigkeit hatte der gesellschaftlichen Basis einer dem Sozialismus verpflichteten demokratischen Partei ganz offenkundig das Rückgrat gebrochen.

Der Forschungsbericht sprach von der „Schockwirkung", die von der Stilllegung der Textilfabrik 1929 ausgegangen war: „Mit einem Schlag änderte sich das Leben in Marienthal." (Jahoda et al. 1975, S. 93) Doch der Schock hatte nicht zu Politisierung und politischer Radikalisierung geführt, sondern zu Resignation und Apathie und Verzweiflung.

Im Forschungsbericht wurde eine politische Meinungsäußerung eines 22jährigen Arbeitslosen zitiert: „In der heutigen Weltwirtschaftskrise, wo der Kapitalismus in allen Fugen und Ecken kracht, kann es nicht mehr lange dauern, um das Joch der kapitalistischen Reaktion abzuschütteln. Ich glaube, der Kapitalismus muss demnächst ganz zusammenbrechen und den Weg zum Sozialismus ebnen." (Jahoda et al. 1975, S. 79 f.) Eine solche Formulierung klang nicht nur wie die plakative Wiederholung marxistischer Standardparolen. Sie stand auch in krassem Widerspruch zu der vom Forschungsteam erhobenen Realität. Dass „der Kapitalismus…demnächst ganz zusammenbrechen" müsse und so der „Weg zum Sozialismus" offen stünde, das war nicht eine Sicht, die mit der realen Situation in Marienthal in Einklang zu bringen war. Die zitierte Meinung eines einzelnen drückte das unbedingte Festhalten an einem quasi-religiösen Glauben aus; eines noch „Ungebrochenen", dem aber die Wirklichkeit abhanden gekommen war. Diese Meinung konnte vom Forschungsteam nicht als repräsentativ gewertet werden. Sie entsprach auch nicht der gesamten politischen Entwicklung in Österreich und in Europa.

„Ungebrochen" in einem anderen Sinn waren die Strukturen der Geschlechterbeziehungen. Die Erhebungen bezüglich der Zeitverwendung machten deutlich, dass die traditionelle Funktionsteilung zwischen Frauen und Männern weiterbestand (Jahoda, Lazarsfeld, Zeisel 1975, S. 83–92). Weder die Parolen der sozialistischen Frauenbewegung, noch das Bekenntnis der Sozialdemokratischen Arbeiterpartei zur Gleichheit von Frauen und Männern hatten bewirken können, die zwischen den Geschlechtern höchst ungleiche Verteilung der Lasten erkennbar zu verschieben. Die Arbeitslosigkeit hatte nicht dazu beigetragen, etwas an der Ungleichheit zwischen den Geschlechtern zu verändern. Die Frauen erfüllten ihre traditionell weiblichen Aufgaben der Haushaltsführung und der Kindererziehung

4.3 Erkenntnisgewinn

– die Männer verfielen dem Nichtstun. Diese Rollenverteilung entsprach gewiss nicht den Erwartungen einer revolutionären Arbeiterbewegung.

Lazarsfeld musste erfahren, dass die Strategie des Austromarxismus und des demokratischen Sozialismus insgesamt gescheitert war. Belegt wurde dieses Scheitern durch das Ende der Weimarer Republik 1933 und der Republik Österreich 1934, durch das Vordringen autoritärer Regierungssysteme in Süd-, Mittel-, Ost- und Südosteuropa und bald auch durch den Spanischen Bürgerkrieg. Dieses Scheitern war aber auch in von Arbeitslosigkeit sozial und kulturell weitgehend zerstörten lokalen Gemeinschaften zu beobachten. Einen Befund für dieses Scheitern hatte Lazarsfeld in Marienthal geliefert und gemeinsam mit seinem Team auch veröffentlicht. Die politischen Schlossfolgerungen daraus zu ziehen, das war nicht die Aufgabe der Forscherinnen und Forscher. Aber die persönlichen Folgerungen waren klar: Sie führten von der „Alten" in die „Neue Welt".

In Marienthal musste der Sozialforscher Lazarsfeld erfahren, dass die von ihm und seinem Team gewählte Methode der „Teilnehmenden Beobachtung" nicht nur zur Einsicht führte, dass die Hoffnung auf einen politischen Durchbruch in Richtung „Sozialismus" Illusion war. Deutlich war, dass eine andere, eine drohende Perspektive herandämmerte. 1960 schrieb er in seinem „Vorspruch zur neuen Auflage" der „Arbeitslosen von Marienthal": „...die apathisierende Wirkung der totalen Arbeitslosigkeit hilft rückblickend verstehen, warum die Führer-Ideologie des heraufziehenden Nationalsozialismus so erfolgreich war." (Lazarsfeld 1975, S. 22 f.)

Die Sozialdemokratische Arbeiterpartei mit ihrer marxistisch begründeten Reformagenda war nicht die bessere Partei für schlechtere Zeiten. Die Krise des Kapitalismus begünstigte nicht den demokratischen Sozialismus, sie begünstigte die erklärten Gegner der Demokratie. Nutznießer waren Benito Mussolini, sein österreichischer Satellit Engelbert Dollfuß und letztendlich vor allem Adolf Hitler. Die NSDAP hatte sich ja nicht ohne Bezug zur Realität „Arbeiterpartei" genannt. In der Atmosphäre von Marienthal war bereits erkennbar, warum am 12.Februar 1934 der Sozialdemokratischen Arbeiterpartei Österreichs die Massenmobilisierung und vor allem die Organisation des Massenstreiks nicht gelingen konnte; warum die Niederlage im österreichischen Bürgerkrieg bereits vorgezeichnet war; und warum ein signifikanter Teil der Arbeiterschaft von der NSDAP gewonnen werden konnte. Nutznießer war aber auch Josef Stalin: Für viele von der Niederlage der Sozialdemokratie enttäuschte Sozialisten war der demokratische Weg zum Sozialismus gescheitert, nicht aber der Weg, den Lenin vorgezeigt hatte – der Weg in die „Diktatur des Proletariats".

Massenarbeitslosigkeit hatte zu Massenarmut geführt. Jahoda, Lazarsfeld und Zeisel beschrieben deren Folgen so: „Die Ansprüche an das Leben werden immer weiter zurückgeschraubt; der Kreis der Dinge und Einrichtungen, an denen noch Anteil genommen wird, schränkt sich immer mehr ein; die Energie, die noch bleibt, wird auf die Aufrechterhaltung des immer kleiner werdenden Lebensraumes konzentriert." (Jahoda et al. 1975, S. 101) Energie für Politik, Energie gar für Revolution war ganz einfach nicht mehr vorhanden. Diese Energie war von der Arbeitslosigkeit zersetzt worden.

Die ersten Reaktionen auf die Veröffentlichung der Marienthal Studie waren durchwegs positiv – von sozialdemokratischer, aber auch von „bürgerlicher" Seite. Aber eine tiefer gehende Debatte über die Erkenntnisse wurde politisch unterbrochen – durch das Ende der Demokratie, in Deutschland und in Österreich (Fleck 1998, S. 103).

Gerade wegen des von ihm formulierten und für ihn, für einen Sozialisten so ernüchternden Befundes konnte sich Lazarsfeld in seiner Priorität für eine wissenschaftliche gegenüber einer direkt politischen Aktivität nur bestärkt fühlen. Die von ihm und seinem engsten Freundeskreis am Beginn der Republik für möglich gehaltene politische Karriere hatte jede Attraktivität verloren – jedenfalls für ihn persönlich. In der politischen Illegalität sah er sich ebenso wenig wie als Partisan, als Guerillakämpfer. Seine Präferenz wies nun endgültig in eine ganz andere, auch geographische Richtung. Im Vorfeld der Marienthal Studie hatte er erste Erfahrungen mit der aus den USA kommenden Methode der Marktforschung gesammelt. Und aus diesen Erfahrungen war die transatlantische Brücke entstanden, die Lazarsfeld und viele andere zu nützen verstanden.

In seinen Erinnerungen schrieb er: „Such is the origin of my Vienna market research studies: the result of the methodological equivalence of socialist voting and the buying of soap." (Lazarsfeld 1969, S. 279) Das mochte zynisch klingen. Aber die Erfahrung mit der Marktforschung ermöglichte Lazarsfeld den Sprung in die Freiheit: in die Freiheit eines ungleich größeren, finanziell ungleich besser ausgestatteten Raumes, der in Amerika der sozialwissenschaftlichen Forschung offenstand; und in die politische Freiheit, die zwar in den Zeiten der Rassendiskriminierung in den USA höchst ungleich verteilt war, die sich aber in Summe als viel stabiler als die politische Freiheit in Europa erweisen sollte.

Lazarsfeld Bereitschaft, sich mit Marktforschung zu beschäftigen, ja sich überhaupt mit ihr einzulassen, war auch die Reaktion auf die Verhältnisse gewesen, die er um 1930 an der Universität Wien vorgefunden hatte: „At that time, the University of Vienna was dogmatically conservative, and it would have been unwise for staff members to undertake the unbiased study of people's voting decisions." (Lazarsfeld 1969, S. 279) Lazarsfeld hatte schon begonnen, eine von privaten Profitinteressen bestimmte Erforschung des wirtschaftlichen Marktes als Möglichkeit zu nutzen, die ihm wenige Jahre später den Zugang zu einer Erforschung des politischen Marktes eröffnen sollte. In den USA war es eben nicht „unwise", und es war auch nicht für die eigene wissenschaftliche Karriere kontraproduktiv, Wahlkämpfe und Wahlentscheidungen zu studieren. Für den (noch?) marxistisch orientierten Lazarsfeld konnten die USA nicht die ideale Welt sein. Aber die USA waren die beste aller real bestehenden Welten, zwischen denen er wählen konnte.

USA: Die vorweggenommene Flucht in die Freiheit

5

Die Marienthal Studie hatte noch vor ihrer Fertigstellung im kleinen Kreis sozialwissenschaftlich orientierter Psychologinnen und Psychologen Aufsehen erregt. Auf dem Internationalen Psychologischen Kongress 1932, der im noch demokratischen Deutschland stattfand, hielt Paul Lazarsfeld einen Vortrag über erste Ergebnisse der Studie. Der Vortrag erweckte die Aufmerksamkeit amerikanischer Konferenzteilnehmer. Der so hergestellte Kontakt führte zu einer Einladung Lazarsfelds, im Rahmen der „Federal Emergency Relief Agency" (FERA) an einem Projekt mitzuarbeiten. Die FERA war Teil der politischen Bemühungen des neuen US-Präsidenten Franklin D. Roosevelt, die Arbeitslosigkeit und deren soziale Auswirkungen in den USA zu bekämpfen. Finanziert wurde Lazarsfelds Mitarbeit durch ein Stipendium der Rockefeller Stiftung. Das Projekt sollte den Einfluss von Erziehung und Alter auf die Arbeitslosigkeit untersuchen (Lazarsfeld 1969, S. 293 f.).

Es war Lazarsfelds wissenschaftliche Qualifikation, die ihm den Weg nach Amerika öffnete – und nicht eine politische Weichenstellung. Aber er stellte seine wissenschaftlichen Qualitäten in die Dienste eines politischen Programms. Der Demokrat Roosevelt war im November 1932 vor allem deshalb gewählt worden, weil im Kampf gegen die Wirtschaftskrise sich eine Mehrheit von ihm Erfolge versprach, die der republikanische Präsident Herbert Hoover schuldig geblieben war. Roosevelt ging es primär darum, durch von der Regierung organisierte und finanzierte Aktivitäten die Arbeitslosigkeit zu senken und damit jene „Müdigkeit" zu bannen, der Lazarsfeld in Marienthal begegnet war.

Die politischen und sozialen Reformen der Regierung Roosevelt mögen es dem (noch?) Marxisten leicht gemacht haben, finanzielle Förderung von einer Stiftung ohne Mentalreservationen anzunehmen, die den Namen Rockefeller trug. Rockefeller war für den Industriekapitalismus der Zeit ähnlich synonym wie der Name Rothschild für den Finanzkapitalismus. Lazarsfeld konnte nun erfahren, dass es durchaus im Einklang mit den Interessen eines globalen Konzerns war, die sozialen Auswirkungen der ursächlich mit dem Kapitalismus verbundenen Krise zu studieren; dass es auch im Interesse solcher Konzerne lag, Massenarbeitslosigkeit zu bekämpfen und so deren destabilisierende Wirkung zu verhindern. Dass ein riesiger Konzern wie Rockefeller nicht einfach in einem klassenkämpferischen Schwarz-Weiß-Denken nur als unversöhnlicher Gegner zu sehen war, das hatte der demokratische Sozialist Lazarsfeld ja auch schon in der Teilfinanzierung der Marienthal Studie durch die Rockefeller Stiftung erfahren können.

Die Politik von Präsident Franklin D. Roosevelt und dessen Administration musste für einen Sozialdemokraten, der die auf eine „klassenlose Gesellschaft" gerichtete Heilserwartung aufgeben hatte, ein realpolitisch interessanter Versuch sein. Die Politik der punktuellen Eingriffe in die Marktwirtschaft zielte auf die Kontrolle des Kapitalismus (Katznelson 2013, S. 3–25). In der Realität war diese – aus marxistischer Sicht allzu vorsichtige, nur halbherzige Orientierung – nicht so weit von dem entfernt, was Lazarsfeld im „Roten Wien" erlebt hatte.

Roosevelts Politik entsprach auch auf einer anderen Ebene Lazarsfelds politischem Temperament. Trotz einem taktisch begründeten Zögern und Zaudern durchbrach Roosevelt Schritt für Schritt die Grenzen, die der nach dem Ersten Weltkrieg dominierende Isolationismus der amerikanischen Außenpolitik gezogen hatte. Roosevelt setzte dem „Patriotismus" (besser wohl Nationalismus) des „America First" die Doktrin globaler Verantwortung Amerikas entgegen. Roosevelts Politik führte dazu, dass die USA zu der Macht werden konnten, die 1945 in Westeuropa (einschließlich Österreich) und in Japan die Demokratie zu sichern vermochte.

1935, nach dem Ablauf des Stipendiums, entschied sich Lazarsfeld, in den USA zu bleiben. Er kam nur kurz nach Wien, um sein US-Visum zu verlängern. Bei seiner Entscheidung für die Verlängerung seines US-Aufenthaltes war er sicherlich auch davon beeinflusst, dass in Österreich 1934 die Sozialdemokratische Arbeiterpartei von der autoritären Regierung verboten worden war und ein sozialdemokratischer Wissenschaftler sich nicht die geringste Hoffnung auf eine Karriere an einer österreichischen Universität machen konnte. Lazarsfeld nutzte seine bereits bestehenden Kontakte in den USA, um bei verschiedenen Projekten mitzuarbeiten, die sich mit kommerzieller Marktforschung beschäftigten. Aber erstmals wurden um diese Zeit auch politische Fragen in die Erhebungen einbezogen, und Lazarsfelds wissenschaftliche Expertise wurde – auch von ihm selbst

5 USA: Die vorweggenommene Flucht in die Freiheit

– immer weniger als angewandte Psychologie und immer mehr als Soziologie wahrgenommen (Lazarsfeld 1969, S. 298).

Als Lazarsfeld 1933 mit einem Rockefeller Stipendium in die USA gekommen war, hatte er sich selbst nicht – noch nicht – als Soziologe gesehen. Er hatte nur ein beschränktes Wissen von dem, was an amerikanischen Universitäten als Soziologie gelehrt wurde. Er verstand sein Forschungsfeld – zunächst – weiterhin als angewandte Psychologie. Sein wissenschaftlicher Bezug war die neu gegründete „Psychological Corporation" (PSC). Aber allmählich schienen ihm die Fragestellungen und die Methodologie der PSC zu eng, zu sehr in ein strikt behavioristisches Konzept eingesperrt. Deshalb begann er, seinen wissenschaftlichen Horizont und seine Interessen zu erweitern. „At that time, American market research was based mainly on rather simple nose counting...I proposed a number of projects, always along the line of why people did this or that....The PSC's director, who combined radical behaviourism with the desire to have the organization stay solvent, objected that my questionnaires were too long....Understandably, after a while my relations with the Psychological Corporation diminished to the vanishing point." (Lazarsfeld 1969, S. 295 f.)

Lazarsfeld konnte sich mit der Flachheit einer nur kurzfristig orientierten Marktforschung nicht zufrieden geben. Sein Interesse war auf die Vertiefung der Fragestellungen gerichtet – auf das „Warum", und nicht nur auf das „Was" und das „Wie" menschlichen Handelns. Da zeichnete sich bereits die Komplexität ab, die „The People's Choice" und „Voting" auszeichnen sollte: Es ging bei Lazarsfelds Wahlstudien 1940 und 1948 nicht primär darum, wer welche Partei wählt, sondern welche Bestimmungsfaktoren hinter einer Wahlentscheidung stehen. Der US-amerikanische Behaviorismus hatte Lazarsfelds methodisches Verständnis erweitert. Jetzt ging er daran, die gesamtgesellschaftlichen Zusammenhänge, die komplexe Verknüpfung von Sein und Bewusstsein in die Verhaltensforschung einzubringen. Europa und Amerika waren aufeinander getroffen.

Lazarsfeld hatte in den USA sein österreichisch, sein europäisch geprägtes und vom Marxismus beeinflusstes Denken weiterentwickelt und – was den Marxismus betraf – wohl auch hinter sich gelassen. Aber seine Rolle in der US-amerikanischen Sozialforschung war kein totaler Bruch mit diesem Denken. Dass Lazarsfelds Forschung in den USA immer davon bestimmt war, nach den Ursachen sozialen Verhaltens zu fragen, war Zeichen einer Konvergenz: Die europäische Neigung, nach einer gesamtgesellschaftlichen „Wahrheit" zu fragen, und die dem US-amerikanischen Behaviorismus eigene Tradition des – scheinbar – wertfreien Quantifizierens konnten verschmolzen werden. In Lazarsfelds wissenschaftlicher Persona wurden sie, These und Antithese, zu einer Synthese integriert. Lazarsfelds empirische Forschung lieferte dafür die Belege – vor allem in Erie County, in „The People's Choice".

Lazarsfelds Fähigkeit, sich ohne Probleme in die Rahmenbedingungen der US-amerikanischen Sozialforschung einzupassen, mochte auch mit seiner von Karl und Charlotte Bühler vermittelten Arbeit für die Rockefeller-Stiftung in seinen letzten Jahren in Wien zusammenhängen. Aber Lazarsfeld war vor allem davon bestimmt, in den USA jede Chance zu ergreifen, der gesellschaftlichen Wirklichkeit näher zu kommen. Deswegen wurde er in seinem Habitus zum „Amerikaner". Andere sahen in den USA vor allem einen Fluchtort, der ihnen erlaubte, als Europäer überleben zu können. Lazarsfeld hingegen war begierig, alles zu erfahren, was ihm neue Einsichten eröffnete. Deshalb wurde er nicht zum Typus des Europäers, der den Eindruck erweckte, nur die Ungunst der Zeit hätte ihn ins amerikanische Exil gezwungen und der nun nur darauf wartete, wieder nach Europa zurückkehren zu können. Er wurde zum Amerikaner, der seine europäische wissenschaftliche Qualifikation mit der nun erworbenen US-amerikanischen zu verbinden verstand.

Damit unterschied er sich zum Beispiel von Theodor Adorno, den er in einem Schreiben aus dem Jahr 1938 so beschrieb: „He looks exactly as you would imagine a very absent-minded German professor, and he behaves so foreign that I feel like a member of the Mayflower Society". (Lazarsfeld 1969, 301) Im Vergleich mit Adorno sah sich Lazarsfeld nach wenigen Jahren in den USA schon als Nachfahre der ersten britischen Siedler in Amerika, als typischer Amerikaner. Lazarsfeld war kulturell und wohl auch in seinem Wissenschaftsverständnis amerikanisiert – eben so ganz anders als andere der europäischen Intellektuellen, die wie er dem sich verfinsternden Europa entkommen waren und das relative Licht Amerikas erreicht hatten.

1936 begann Lazarsfeld am "Rockefeller Princeton Radio Project" zu arbeiten. Er konnte dabei an seine eigenen Forschungen in Österreich anschließen. 1930 und 1931 hatte er – im Rahmen seiner Tätigkeit für die Wirtschaftspsychologische Forschungsstelle – das Verhalten und die Erwartungen der Hörerinnen und Hörer des Radios erhoben (Berger 2008, S. 6–8). An den Universitäten Newark und Princeton war Lazarsfeld für die Organisation und die Durchführung von Forschungen verantwortlich, die zur Aufgabe hatten, die Rolle des neuen Mediums Radio in der amerikanischen Gesellschaft zu analysieren. Die institutionelle Grundlage dieser Forschungen war die Zusammenarbeit zwischen der Rockefeller Foundation und der Princeton University (Lazarsfeld 1969, S. 304–326).

Die Beschäftigung mit dem Kommunikationsmittel Radio sollte Lazarsfelds weitere Forschungen beeinflussen. Die Funktion der „Opinion Leaders" und die Einsicht, dass Kommunikation nicht linear, sondern abgestuft fließt, spielte auch

5 USA: Die vorweggenommene Flucht in die Freiheit

in Lazarsfelds Wahlforschungsprojekten eine große Rolle: Politische Information wird – wie jede Kommunikation – mehrfach gebrochen, mit einem „Spin" versehen, und erreicht schließlich Personen, die ein- und dieselbe Information höchst unterschiedlich wahrnehmen. Die Vorstellung, dass alle Menschen eine an sie gesendete Botschaft in gleicher Weise aufnehmen, wird von der empirischen Kommunikationsforschung widerlegt. Die Inhalte von Informationen, mögen diese kommerziell oder politisch sein, werden in unterschiedlicher Form gehört, interpretiert, eingeordnet. Die Subjektivität der Wahrnehmung aller am Kommunikationsfluss Beteiligten sorgt unvermeidlich für eine Verzerrung dieser Wahrnehmung (Katz, Lazarsfeld 2006, S. 31–42).

Die kurze Zeit an der Newark University und die längere an der Princeton University waren Zwischenstufen auf dem Weg, der Lazarsfeld schließlich zu seiner eigentlichen Bestimmung brachte. Ab 1939 forschte und lehrte er als Professor an der Columbia University in New York. Diese Universität sollte für Lazarsfelds weltweites wissenschaftliches Renommee entscheidend werden – und Lazarsfeld war entscheidend daran beteiligt, dass der an der Columbia University gelehrten Soziologie Weltgeltung zugesprochen wurde.

„The People's Choice": Wer wählt wen warum? 6

Janet Buttolph Johnson und Richard A. Joslyn stellten in ihrem Buch „Political Science Research Methods" fest: „Paul Lazarsfeld …conducted the first study of voting behaviour based on sample surveys". (Johnson, Joslyn 1986, S. 25) Lazarsfeld überschritt mit seinen Studien über Wahlkampagnen die Grenze von der Soziologie zur Politikwissenschaft, nachdem er in der Marienthal Studie die Grenze von der Psychologie zur Soziologie durchbrochen hatte. Diese zweite Grenzüberschreitung betraf, wie auch schon die erste, sowohl die Methodik wie auch die Substanz seiner Forschung.

1940 nützte Lazarsfeld die von ihm als Soziologe weiterentwickelten Methoden für eine zentrale politische Forschungsfrage: für die Frage nach den Gründen, die hinter individuellem Wahlverhalten stehen; und damit fragteer nach den Faktoren, die Wahlergebnisse und Machtverteilung in einer Demokratie bestimmen. In „The People's Choice" (Lazarsfeld et al. 1948) und in „Voting" (Berelson et al. 1954) entsprachen die von Lazarsfeld und seinem Team angewendeten Methoden dem in den USA in der empirischen Sozialforschung bereits generell etablierten Methodenkanon. Lazarsfeld hatte diesen aber weiterentwickelt. Das das inhaltliche Neue, das Politikwissenschaftliche in „The People's Choice" war die Anwendung bekannter wie auch neuer Methoden auf einen Kernbereich der Politik: auf Wahlen.

Lazarsfeld experimentierte in „The People's Choice" mit einer neu entwickelten, komplexen Form der Umfrageforschung. Die Erhebung der Faktoren, die 1940 das politische Verhalten in „Erie County" bestimmten, war nicht nur auf der Befragung repräsentativer Stichproben („Sample Surveys") aufgebaut. Lazarsfeld bezog auch den Faktor Zeit mit ein: durch die Panel Technik, die

Mehrfachbefragung, die den Einfluss des Monate dauernden Wahlkampfes sichtbar machen konnte: Wann hatte eine Wählerin, ein Wähler sich festgelegt, wen sie oder er im November wählen würde? Auf welcher Klaviatur der Beeinflussung hatten die Parteien mit mehr oder weniger Erfolg gespielt, um zunächst getroffene Entscheidungen doch noch verändern zu können?

„The People's Choice" begründete Lazarsfelds Ruf eines, ja des Pioniers empirischer Sozial- und speziell auch Politikforschung. Dass er die Instrumente der empirischen Sozialforschung auf Wahlen anwendete, das war noch nicht eine Premiere. Befragungen, die Bezüge zu Wahlen herstellten, hatten auch schon davor stattgefunden. Sie waren aber nicht mit der so vielschichtig entworfenen und aufwendig umgesetzten Methode der Mehrfachbefragung verbunden. Und die früheren Formen der Wahlforschung hatten vor allem der Vorhersage von Wahlergebnissen gedient.

Gerade das war das Neue an „The People's Choice": Die Prognose des Wahlausganges spielte in Erie County nicht die geringste Rolle. Die Komplexität des Samples, dessen Weiterführung in einen Index der politischen Präpositionen, und die Erweiterung der bekannten Survey Technik durch die Panel Technik – Mehrfachbefragungen über einen Zeitraum von mehreren Monaten – schlossen Prognosen von vornherein aus. Der Verzicht auf jede Vorhersage war sowohl intendiert als auch ein unverzichtbarer Preis für die neue Qualität einer vertieften und verbreiterten Forschung. Die Wahlforschung emanzipierte sich von der immer nur kurzfristig interessanten Aussage über das zu vermutende Wahlergebnis.

Was machte Erie County als Bezirk, als kleine Region so besonders? Eigentlich nichts – oder eben die demographische Unauffälligkeit. Erie County, im Norden Ohios, war ein vor allem agrarisch geprägter Bezirk, ohne größeres urbanes Zentrum, mit einer traditionellen sozialen (nicht unbedingt politischen) Dominanz der „White Anglo Saxon Protestants", der WASPs. WASPs waren in dieser Ära der US-Geschichte in allen Nord- und Mittelweststaaten der USA der Kern der republikanischen Wählerschaft.

1940 hatte der Bezirk 43.000 Einwohner. Das Zentrum bildete die Kleinstadt Sandusky mit etwa 25.000 Bewohnern. Die meisten Bewohner des Bezirkes waren „Working Class" – einschließlich der in der Landwirtschaft Beschäftigten. Das Forschungsteam hatte in Erie County zwei ethnische Minderheiten ausgemacht: Ein Viertel der Einwohnerschaft waren Nachkommen deutscher Einwanderer, die um die Mitte des 19.Jahrhunderts in die Region gezogen waren. Und es gab in Sandusky eine relativ kleine Zahl von „Negro families" (Lazarsfeld et al. 1948, S. 10 f.). Wenn Erie County eine als ethnisch zu bezeichnende Bruchlinie aufwies, dann war es die zwischen der relativ einheitlichen Gruppe der WASPs und allen anderen Familien, die nicht den angelsächsischen und protestantischen Teilen der Bevölkerung zuzurechnen waren. Im ganzen Bezirk hatten sich um die Kirchen der verschiedenen christlichen Gemeinschaften soziale Netzwerke gebildet. Die Schulen waren großteils öffentlich, nur die Katholische Kirche unterhielt einige konfessionelle Schulen. Aus Lazarsfelds Sicht war die folgende Beobachtung von besonderer Bedeutung: „By and large, the people in Erie County gave the appearance of mingling without any great ‚class consciousness'". „Klassenbewusstsein" spielte in Erie County keine signifikante Rolle. Die Wirtschaft des Bezirkes war – neben der Landwirtschaft – von einigen kleinen Gewerbebetrieben bestimmt. Das größte Unternehmen beschäftigte 900 Arbeiter. Eine gewerkschaftliche Organisation existierte, und verglichen mit anderen Teilen der USA war die Arbeitslosigkeit eher gering (Berelson et al. 1948, S. 11 f.).

Erie County war also so etwas wie ein Gegenpol zu Marienthal. Die Wirtschaft des Bezirks war diversifiziert, die Wirtschaftskrise hatte ab 1929 zwar zu einer Rezension geführt, die aber nicht den Charakter einer Katastrophe angenommen hatte. Und: „Klassenbewusstsein" konnte Lazarsfeld in keinem größeren Ausmaß beobachten.

6.1 Das Erkenntnisleitende Interesse

Das Wahljahr 1940 wies einige Besonderheiten auf. Zum ersten Mal in der Geschichte der USA kandidierte ein amtierender Präsident für eine dritte Amtszeit. Das widersprach zwar nicht den Regeln der Verfassung. Diese wurde erst nach Roosevelt geändert, als die Dauer einer Präsidentschaft durch einen Verfassungszusatz auf zwei Perioden beschränkt wurde. Aber Roosevelts Kandidatur 1940 widersprach einer Tradition, die auf George Washington zurückging: Der erste Präsident der USA hatte es abgelehnt, ein drittes Mal für die Präsidentschaft zu kandidieren. Roosevelts Gegner sahen in der dritten Kandidatur des amtierenden Staatschefs den Bruch einer Tradition und den Versuch eines autoritär orientierten Präsidenten, die Begrenzungen seiner Amtsführung zu ignorieren.

Roosevelts Begründung für seine dritte Kandidatur war sein innenpolitisches Reformprogramm („New Deal"), das zwar Erfolge erzielt hatte, aber nicht an seinem Endpunkt angelangt war. Roosevelt wollte ein Mandat, um seine Reformen fortzusetzen: die Ankurbelung der Wirtschaft, auch in Form öffentlicher Aufträge, und die dadurch bewirkte Senkung der Arbeitslosigkeit. Die republikanische Opposition sah in dieser Politik den Versuch, die US-Gesellschaft „sozialistisch" zu machen.

Zu dieser innenpolitischen Konfrontation kam aber eine weltpolitische. In Asien hatte 1937 Japan China überfallen, und die Streitkräfte des nationalsozialistischen Deutschland hatten 1939 Polen und 1940 Dänemark, Norwegen, die Benelux-Staaten und Frankreich in einem „Blitzkrieg" unterworfen. Roosevelt argumentierte, in dieser Situation erforderten die amerikanischen Interessen außenpolitische Kontinuität. Roosevelt wollte – ohne den Kriegseintritt seines Landes zu befürworten – durch wirtschafts- und speziell rüstungspolitische Maßnahmen den britischen Widerstand gegen das nationalsozialistische Deutschland stärken. Damit widersprach er dem Isolationismus der „America First" Bewegung. Wendell Willkie, den die Republikaner als Gegenkandidaten nominiert hatten, stand allerdings weniger für eine andere Außen- und mehr für eine andere Innenpolitik (Burns 1996, S. 3–29).

Die zentrale Fragestellung der Studie über Erie County war: Wer wählt wen – und, mehr noch, warum? Dass Wählen, dass also politisches Entscheiden im Zentrum des Forschungsvorhabens stand, war das Produkt einer fast zufälligen Weichenstellung. Lazarsfeld hatte sein von der Rockefeller Foundation finanziertes Radioforschungsprogramm 1939 von der Princeton University nach New York an die Columbia University mitgenommen. Im Rahmen der Kooperation zwischen der Stiftung und der Universität war geplant, die vorhandenen Geldmittel einzusetzen, um die Auswirkungen eines Programms des US-Landwirtschaftsministeriums zu untersuchen. Doch warum die zentrale Fragestellung in Richtung Wahlverhalten verändert wurde, daran konnte sich Lazarsfeld drei Jahrzehnte später nicht mehr erinnern. Die Änderung der Forschungsintention in Richtung Wahlforschung war also nicht über eine längere Zeitspanne geplant gewesen. Es war und ist nicht eindeutig zu klären, warum überhaupt 1940 im Rahmen der Kooperation zwischen der Columbia University und der Rockefeller Stiftung die erste umfassende Studie über Wahlverhalten zustande kam. (Lazarsfeld 1969, S. 329 f.) Lazarsfeld begab sich offenbar fast ungeplant auf ein neues Gebiet – auf das der Politischen Soziologie, die von der Politikwissenschaft nicht wirklich abgrenzbar ist.

Lazarsfeld, Berelson und Gaudet ordneten ihre Befragungen bestimmten thematischen Dimensionen zu, indem sie zwischen den „sozialen" und den „ideologischen" Unterschieden von Republikanern und Demokraten unterschieden. Der sozio-ökonomische Status (SES), die religiösen Bindungen und der „Index of Political Predisposition" (IPP), in dem Status, Wohnort und Religion gebündelt waren, sollten in der Zusammenfassung der Forschungsergebnisse ein relativ klares Bild der politischen Unterschiede zeichnen. Dazu kamen die „ideologischen" Differenzen – etwa, ob für die Qualifikation eines Präsidenten mehr Erfahrungen

6.1 Das Erkenntnisleitende Interesse

in der Wirtschaft (das sprach 1940 für Willkie) oder politische Erfahrung (Roosevelts Argument) zählten; auch, ob die Kriege in Asien und vor allem in Europa ein Grund für die Beibehaltung der amerikanischen Neutralität oder für ein stärkeres globales Engagement der USA wären. In dieser Differenzierung kamen die zentralen Argumentationslinien beider Seiten zum Ausdruck. Untersucht sollte werden, in welchem Umfang die zentralen Botschaften der Parteien und ihrer Kandidaten das Wahlverhalten in Erie County beeinflussten (Lazarsfeld et al. 1948, S. 16–39).

Erie County war nicht wegen der sozialen Repräsentativität des Bezirkes und seiner Wählerschaft ausgewählt worden. Politisch konnte aber Erie County als repräsentativ angesehen werden. Der Bezirk hatte kein auffallend anderes Wahlverhalten gezeigt als der Bundesstaat Ohio und auch nicht als die USA insgesamt. In den vergangenen Jahrzehnten hatte Erie County – trotz der die Republikaner begünstigenden sozialen Hegemonie der „WASPs" – bald mehrheitlich die eine, bald die andere Partei bevorzugt. In Erie County, in Ohio und in den USA insgesamt gab es, jedenfalls über einen längeren Zeitraum hinweg, ein Gleichgewicht zwischen Demokraten und Republikanern.

Lazarsfeld, Berelson und Gaudet ging es aber nicht um eine Prognose des Wahlausganges. Deshalb war die politische Repräsentativität des Bezirkes irrelevant. Das Forschungsteam wollte nicht vorhersagen, wie das Ergebnis der Wahl im November 1940 aussehen würde – weder im Bezirk, noch in Ohio, noch auf nationaler Ebene. Lazarsfeld, Berelson und Gaudet hatten eine andere Frage in den Mittelpunkt ihres Projektes gestellt: Welche Faktoren bestimmen politisches Verhalten – und zwar nicht nur punktuell, sondern vor allem längerfristig? In welche Richtung bewegen sich politischen Präferenzen – und was kann von gesellschaftlichen Trends für die Politik abgeleitet werden? Welcher Stellenwert kommt dem Wahlkampf und dessen Dauer zu? Wie können Parteien die entscheidenden „Marginal Voters" finden, die für beide zur Wahl stehenden Optionen offenen Wählerinnen und Wähler? Wie kann es gelingen, diese „Grenzwähler" zu beeinflussen?

Ohio, als großer Staat des Mittleren Westens, zählte zu den „Swing States", die bei einer Wahl sowohl eine demokratische als auch eine republikanische Mehrheit hervorbringen können und damit von beiden Parteien besonders umworben werden. Erie County war zwar in seinem Wahlverhalten, aber nicht unbedingt in seiner sozialen Zusammensetzung ein „typisch amerikanischer Bezirk". In Erie County fehlte ein größeres urbanes Zentrum. Einen Bezirk, der wirklich typisch für die gesamten Vereinigten Staaten gewesen wäre, hätte es aber gar nicht gegeben. Ob Erie County „typisch" war oder nicht, spielte jedoch keine Rolle. Lazarsfeld war ja nicht primär daran interessiert, herauszufinden, wen jemand wählt. Lazarsfeld und das Team wollte erfahren, warum sich jemand für eine bestimmte Partei, für einen bestimmten Kandidaten entscheidet. Erie County wurde schließlich ausgewählt, weil der Bezirk überschaubar war und so eine ständige Kontrolle der Interviewer ermöglichte – und weil der Bezirk ein nur kleines urbanes Zentrum aufwies, dessen politische Meinungen mit denen des ländlichen Umfelds verglichen werden konnten (Lazarsfeld et al. 1948, S. 3, 10).

Erie County war ein kleiner Bezirk, auf dessen Boden die großen Interessen und Argumente aufeinander prallten. Die zentralen Streitfragen, die den Wahlkampf bestimmten, waren bekannt: Ob Roosevelts „New Deal" positiv oder negativ zu sehen wäre – als Rettung vor den Folgen der Wirtschaftskrise oder als ein Schritt in Richtung „Sozialismus"; ob Willkie im Fall seines Erfolges die Interessen der noch neutralen USA in der Welt besser vertreten könnte als der amtierende Präsident. Die Meinungen der Wählerinnen und Wähler in Erie County sollten erhoben werden, aber nicht, um daraus Schlussfolgerungen für die Inhalte der US-Politik zu ziehen. Es ging darum, ob sich die Meinungen der Wählerinnen und Wähler im Laufe des Wahlkampfes verschieben würden – und in welche Richtung, in welchem Ausmaß, unter dem Einfluss welcher Botschaften (Lazarsfeld et al. 1948, S. 178).

Lazarsfelds Ausgangsüberlegung war, dass die Parteien im Wahlkampf sich vor allem auf die Grenzwählerinnen und Grenzwähler konzentrieren, deren Verhalten nicht a priori feststand; auf die, die sich erst im Laufe des Wahlkampfes festlegen würden, wen sie wählen und ob sie überhaupt zur Wahl gehen sollten. Diese „Marginal Voters" waren die Königsmacher, weil sie – und nicht die parteitreuen und immer loyalen Wählerinnen und Wähler – über Sieg und Niederlage entscheiden.

Eine zentrale Frage war die nach dem Zeitpunkt der Entscheidung: Wann beschließt eine Wählerin, ein Wähler, ob sie/er zur Wahl geht? In welcher Phase des Wahlkampfes wechselt sie/er von einer Präferenz (oder Nicht-Präferenz) zu einer anderen? Welche Faktoren beeinflussen eine solche Änderung der Entscheidungsabsicht? Wer oder was ist für eine solche Verschiebung der Präferenz verantwortlich? Hinter diesen Fragen standen bestimmte Annahmen, die auf Erfahrungen beruhten:

- Die persönliche Wahlentscheidung ist eine Augenblicksentscheidung, ihre Erhebung eine Momentaufnahme. Sie gibt wieder, was eine Person in einem bestimmten Zeitpunkt eines Prozesses denkt. Unabhängig davon muss berücksichtigt werden, dass vor und nach dem Moment des Wählens Verschiebungen der Präferenz immer wieder stattfinden.

6.1 Das Erkenntnisleitende Interesse

- Die zu einer bestimmten Phase des Wahlkampfes erhobenen Präferenzen einer repräsentativen Stichprobe geben daher nur Auskunft für diesen einen Zeitpunkt innerhalb einer fortlaufenden Entwicklung. Für deren Dynamik erlauben die erhobenen Präferenzen nur Aussagen über die Wahrscheinlichkeit von Trends.
- Die Wahlentscheidung wird von einer Fülle von Faktoren beeinflusst. Die offiziellen Wahlprogramme und die Selbstdarstellung der Kandidaten sind nur Teil eines Bündels von Bestimmungsfaktoren. Parteien und Kandidaten schicken Botschaften an die Wählenden aus – aber diese Botschaften werden durch unterschiedliche Wahrnehmungen mehrfach gebrochen und daher in unterschiedlicher Form wahrgenommen.
- Die verschiedenen Botschaften der Parteien werden gefiltert – von der sozialen Umgebung, also von dem Milieu, dem die einzelne Wählerin (der einzelne Wähler) angehört. Milieus sind von gesellschaftlichen Umständen bestimmt, die „Prädispositionen" nach sich ziehen – Voreingenommenheiten in die eine oder die andere politische Richtung.
- Milieus sind das Produkt von Faktoren, die einander verstärken oder widersprechen. Die Geschlossenheit von Milieus stützt vorhandene politische Präferenzen. Was aber, wenn die Faktoren, die für die Entstehung und Verfestigung von politischen Neigungen verantwortlich sind, einander widersprechen – wenn ein Faktor (zum Beispiel Vermögen) in die eine, ein anderer (etwa Religion) in die andere Richtung drängt?
- Im Kommunikationsfluss der programmatischen Botschaften kommt den an der Kommunikation Beteiligten unterschiedliche Bedeutung zu. Meinungsführer („Opinion Leaders") beeinflussen bei der Weitergabe von Botschaften andere Wählerinnen und Wähler. „Opinion Leaders" fungieren als Multiplikatoren, sie haben mehr Einfluss auf den Wahlausgang als diejenigen, die Meinungen anderer bloß übernehmen. Diese „Opinion Leaders" speziell auszumachen und dann auch zu erreichen, das ist eine zentrale strategische Aufgabe jeder Partei.
- Politische Polarisierung und die damit verbundene Zuspitzung der Konfrontation nützt der Wahlbeteiligung. Ob die eine oder die andere Partei aus einem dank der Polarisierung gesteigerten Interesse an der Wahl mehr profitiert, das muss grundsätzlich offen bleiben. Aber die konkurrierenden Parteien haben das größtmögliche Interesse, Vorteile aus dem Phänomen Polarisierung zu ziehen. Deshalb spitzen sie, wenn ihr Wahlerfolg unsicher ist, ihre Botschaften zu – um zu polarisieren; und sie versuchen, Polarisierung zu vermeiden, wenn ihr Wahlerfolg gesichert scheint.

Anders als in Marienthal musste Lazarsfeld in Erie County von einer größeren politischen Beweglichkeit der Wählenden ausgehen. Die US-amerikanischen Parteien hatten nicht den Charakter von Weltanschauungs- oder Klassenparteien wie die österreichischen Parteien und die meisten europäischen Parteien vor oder auch noch nach dem Ersten Weltkrieg. Die Bindungen an eine Partei waren daher weniger fest als Lazarsfeld das in Europa erfahren hatte. US-Wählerinnen und Wähler, die 1936 demokratisch gewählt hatten, konnten 1940 für die Republikaner gewonnen werden – und umgekehrt.

Lazarsfeld und das gesamte Team verstanden ihre Erhebungen als Beobachtung eines dynamischen Prozesses. In diesem Prozess kommt dem Milieu große Bedeutung zu, dem sozialen Umfeld („Environment"), in dem sich die einzelne Person bewegt. Ein solches Umfeld kann vorhandene Präferenzen abschwächen oder verstärken. „Opinion Leadership" ist in diesem Prozess wesentlich. Meinungsführer(innen) können die in ihrer Umgebung vorhandenen Meinungen formen und verstärken, etwa indem sie noch nicht verfestigte Präferenzen unterstützen; und sie können solche Präferenzen abschwächen oder auch in das Gegenteil verkehren. Zu berücksichtigen ist auch die Neigung der Menschen, sich sozial zu adaptieren und der in ihrem Umfeld vorherrschenden Meinung anzupassen (Lazarsfeld et al. 1948, S. IX–XXVI).

Von besonderem Interesse für die Parteien und daher auch für die Wahlforschung sind die Nicht-Wählenden. Jede Partei muss davon ausgehen, dass es einfacher ist, Nichtwähler zu gewinnen als Anhänger der anderen Partei zu überzeugen. Deshalb richteten Lazarsfeld und das Team ihre besondere Aufmerksamkeit auf die Faktoren, die erklären, warum jemand nicht zur Wahl geht: Ist Nicht- Wählen eine bewusste politische Entscheidung, oder ist es Ausdruck eines geringen Interesses, einer Gleichgültigkeit gegenüber dem politischen Prozess? Oder ist Nicht-Wählern nicht vielleicht auch ein Ausweichen vor einer Entscheidung, die – so oder so – aus persönlichen Gründen besonders schwer fällt? „Non-Voting is a serious problem in a democracy" (Lazarsfeld et al. 1948, S. 45) Nicht- Wählen ist für den Wahlausgang ebenso entscheidend wie die Stimmabgabe für die eine oder die andere Partei. Im November 1940 gingen in Erie County 81 % der Wahlberechtigten zur Wahl. Die 19 %, die beschlossen hatten, nicht zu wählen, hatten durch ihr Fernbleiben das Ergebnis mit entschieden.

Ausgehend von der Prämisse, dass das Verhalten am Wahltag am Ende eines längeren Prozesses steht, mussten die letzten Monate und Wochen des Wahlkampfes beobachtet und analysiert werden: Wann entscheidet sich eine Person für eine Partei, und wann ändert sie gegebenenfalls diese ihre Präferenz? Welche Impulse von Seiten der um die Stimmen konkurrierenden Parteien beeinflussen diesen über Wochen laufenden Prozess der Entscheidungsfindung? Welcher „Typus" unter den

Wahlberechtigten bleibt bei einer einmal gewählten Entscheidung – und welcher ist geneigt, diese Entscheidung im Laufe der Wahlkampagne zu verändern?

Um diesen Prozess, der in eine konkrete persönliche Wahlentscheidung mündet, beschreiben und erklären zu können, musste eine Technik entwickelt werden: die sich über Monate erstreckende Mehrfachbefragung. So konnte die Forschung Momentaufnahmen in Form einer Einfachbefragung in einen Film verwandeln. Politische Bilder hatten in Erie County laufen gelernt.

6.2 Der methodische Zugang

Lazarsfeld und das Forschungsteam nutzten die bereits bekannte und von Lazarsfeld im Zusammenhang mit der Radioforschung genutzte Technik der Befragung von Personen, die eine Stichprobe, ein „Sample" bildeten. Ein solches „Sample" sollte in seiner Zusammensetzung repräsentativ für die gesamte Zielgruppe des Projektes sein, also für die Wählerinnen und Wähler von Erie County. Die Befragung einer solchen Stichprobe wäre im Jahr 1940 keine Innovation mehr gewesen. Neu war, dass Lazarsfeld diese Methode nicht für unpolitische Fragestellungen der kommerziellen Marktforschung, sondern für unmittelbar politische Themen einsetzte. Und neu war vor allem die Mehrfachbefragung – die Panel Technik. Dieselben Personen wurden wiederholt befragt (Lazarsfeld et al. 1948, S. 2–9).

Es war diese methodische Innovation, die „The People's Choice" auszeichnete. Die Methode begründete den Ruf Lazarsfelds als eines innovativen Wahlforschers. Durch Erie County hatten in den USA die Wahlforschungsprojekte, die in Verbindung mit der Columbia University durchgeführt wurden, das höchste Ansehen – neben den Projekten des an der University of Michigan angesiedelten „Survey Research Centers" (Diederich 1965, S. 107–116). Das Prestige Lazarsfelds bezog sich sowohl auf die sozialwissenschaftliche Qualität der Forschung als auch auf die relativ einfache längerfristige Nutzbarkeit der Forschungsergebnisse für die politische Praxis.

Durch die äußerst aufwendige Methode der Mehrfachbefragung konnte in Erie County erreicht werden, die verschiedenen Einflussfaktoren auszumachen, die über eine längere Zeitstrecke (konkret: von Mai bis November 1940) die politischen Präferenzen der Wählerinnen und Wähler bestimmten. Nur so konnte auch herausgearbeitet werden, unter welchen Voraussetzungen sich bestimmte Meinungen bildeten, wann Wahlentscheidungen sich verfestigten und auch wiederum veränderten. Die angesichts der Forschungsfragen notwendige hohe Qualität der gewählten Methode setzte eine hohe Quantität des Arbeitsaufwandes voraus. Und das musste sich auch in den Kosten niederschlagen.

Die Größe der Stichproben und die Mehrfachbefragung machten es notwendig, über die vorhandenen finanziellen Mittel hinaus noch nach zusätzlichen Finanzierungsquellen zu suchen. Lazarsfeld berichtete, dass mit dem Magazin „Life" eine Vereinbarung getroffen wurde: Das Magazin durfte, als Gegenleistung für eine finanzielle Unterstützung der Forschungsarbeiten, unmittelbar nach der Wahl im November zwei umfangreiche Artikel publizieren, die auf ersten Forschungsergebnissen basierten (Lazarsfeld 1969, S. 330).

Die Auswahl der Stichproben erfolgte mit erheblichem Arbeits- und Personalaufwand. Im Mai 1940 wurde jeder vierte Haushalt in Erie County von dafür speziell ausgebildeten Interviewerinnen oder Interviewern besucht. Auf diese Weise wurden 3000 Personen ausgewählt. Sie repräsentierten den gesamten Bezirk in seiner Zusammensetzung – entsprechend den Kriterien Alter, Geschlecht, Bildungsgrad, sozioökonomischem Status, religiöser Bindung und ethnischer Herkunft. Diese 3000 Bewohner des Bezirkes wurden im Mai einmal befragt. Aus diesem Personenkreis („Total Poll") wurden die Hauptgruppe und die drei Kontrollgruppen zusammengestellt. Die Hauptgruppe und jede der Kontrollgruppen bestanden aus 600 Personen. Die Hauptgruppe („Main Panel") wurde insgesamt sieben Mal befragt, zwischen Mai und November 1940 einmal in jedem Monat. Die letzten Interviews fanden unmittelbar nach der Wahl statt. Jede Kontrollgruppe wurde einmal befragt – im Juli oder im August oder im Oktober.

Die Befragung aller Gruppen erfolgte in Form persönlicher Gespräche zu vereinbarten Terminen. Dadurch war es den Interviewerinnen und Interviewern möglich, persönliche Merkmale der Interviewten festzustellen und regelmäßig zu überprüfen: „…social philosophy, political history, personality traits, relationships with other people, opinions on issues related to the election…" (Lazarsfeld et al. 1948, S. 5) Interviews beschränkten sich also nicht auf die Abfrage der Parteipräferenz. Die Erhebungen erstreckten sich auf alles, was die Entwicklung der persönlichen Entscheidungsfindung beeinflussen könnte. Die Tiefe und die Breite der Befragung machte es möglich, komplexe Zusammenhänge zwischen dem gesellschaftlichen Sein und dem politischen Bewusstsein herauszuarbeiten.

Die Differenzierung zwischen dem „Main Panel" und den „Control Panels" war bestimmt von der Vermutung, dass Personen, die der Hauptgruppe angehören und innerhalb eines halben Jahres sechsmal über ihre politischen Präferenzen befragt werden, durch den regelmäßigen und vorhersehbaren Kontakt mit einem Interviewer oder einer Interviewerin bewusst oder unbewusst beeinflusst werden. Eine solche Verzerrung kann darin bestehen, dass sich Personen aus der Hauptgruppe auf die Interviews speziell vorbereiten, indem sie intensiver die

6.2 Der methodische Zugang

Nachrichten verfolgen als wenn sie nicht mit den regelmäßigen Befragungen rechnen müssen. Die drei Kontrollgruppen waren – weil jeweils nur einmal befragt – von einem möglicherweise die Repräsentativität der Hauptgruppe störenden „Interviewereffekt" frei. Der Vergleich der Ergebnisse der Befragungen der Hauptgruppe mit den Ergebnissen der Kontrollgruppen machte es möglich, das Vorhandensein und das Ausmaß eines solchen Effektes zu erkennen und entsprechend zu berücksichtigen (Lazarsfeld et al. 1948, S. 3–5).

Die sich über Monate erstreckenden Interviews wurden vom Forschungsteam in eine zeitliche Verbindung mit lokalen, nationalen, und internationalen politischen Ereignissen gebracht – etwa mit der Kapitulation Frankreichs im Juni oder der Unterzeichnung des Gesetzes über die Einführung der Wehrpflicht durch Roosevelt im September, aber auch mit den Nominierungsparteitage der Demokraten und Republikaner sowie Wahlkampfauftritten von Vertretern beider Parteien in Erie County (Lazarsfeld et al. 1948, S. 14 f.).

Die Mehrfachbefragungen erlaubten, den Typus des „Changers" herauszuarbeiten: eine Person, die im Laufe der Monate vor der Wahl im November ihre Präferenzen änderte. Den in diesen Monaten an ihrer Wahlabsicht festhaltenden „Constants" wurden die „Party Changers" gegenübergestellt. Innerhalb der Gruppe der „Changers" wurde zwischen denen unterschieden, die zwischen Unentschlossenheit und einer bestimmten Partei („One-Party Changers") und denen, die zwischen beiden Parteien schwankten („Two-Party" Changers"). Unterschieden wurde auch nach dem Zeitpunkt, an dem sich die „Changers" letztlich auf Roosevelt oder Willkie oder Nicht-Wählen festlegten (Lazarsfeld et al. 1948, S. 67–69).

Die Rolle der Medien (Radio und Zeitungen) wurde systematisch beobachtet und zur Erklärung der Meinungsbilder herangezogen, die in den befragten Gruppen festzustellen waren. Medien wurden überdurchschnittlich von jenen genützt, die generell ein höheres Interesse an Politik hatten. Die allgemeinen Merkmale dieser Gruppe waren: ein höherer Bildungsgrad, ein größerer Wohlstand, ein höheres Alter, ein (angesichts des ländlichen Charakters des Bezirkes notgedrungen nur kleinstädtischer) urbaner Wohnsitz – und männliches Geschlecht (Lazarsfeld et al. 1948, S. 125 f.).

Politische Beeinflussung konnte auf Zeitungen oder Radio zurückgeführt werden, aber auch auf politische Traditionen und Trends innerhalb der Familien und Milieus. Familie und Milieu waren wesentlich bestimmt von Faktoren, die nicht im engeren Sinn als politisch galten: von Beruf, Einkommen, Wohnqualität, Religion, Bildungsgrad, ethnischer Herkunft, Geschlecht und Alter. Die wirtschaftlich messbaren Faktoren wurden zur Erstellung eines Index des „Socio-Economic Status" (SES) verwendet. Berücksichtigt wurden die Qualität der Wohnung, deren

Möblierung, des Vorhandenseins teurer Konsumgüter (etwa eines Autos) und die Qualität der Kleidung. In Verbindung mit dem Vermögen und dem Einkommen der Wählerinnen und Wähler wurden fünf Statusgruppen gebildet: Der Gruppe A wurden die ökonomisch best ausgestatteten Personen zugerechnet. Dieser Gruppe gehörten 3 % der Befragten an. Der zweiten, der Gruppe B, 14 %; der dritten, C +, 33 %, der vierten, C-, 30 %, und 20 % wurden der ökonomisch am schwächsten eingestuften Gruppe D zugeordnet (Lazarsfeld et al. 1948, S. 17). So entstand ein allgemeiner Schichtungsindex, der mit den Parteipräferenzen in Verbindung gebracht werden konnte.

Ebenso wurden die Interviewten nach konfessioneller Zugehörigkeit unterschieden (Protestanten, Katholiken), nach dem Wohnort (ländlich oder städtisch), nach dem Geschlecht, nach dem Alter (unter 45 Jahre oder 45 plus), nach dem Bildungsgrad (Abschluss der „High School" oder nicht), nach dem Beruf („Farmers" und „Non-Farmers") und nach dem Interesse an der Nutzung der Medien. Der SES-Status und die anderen Differenzierungsmerkmale wurden zur Konstruktion eines Index der politischen Praedispositionen (IPP) genutzt, um so Korrelationen zwischen gesellschaftlichem Status und Wahlverhalten feststellen zu können (Lazarsfeld et al. 1948, S. 159–178).

Dem Forschungsteam war natürlich bewusst, dass es zwischen den einzelnen Differenzierungen zahlreiche Überschneidungen geben musste. Von Anfang an war klar, dass in Erie County (und nicht nur dort) sehr oft Religion und Ethnizität miteinander verbunden waren. Katholisch-Sein stand zumeist in engem Zusammenhang mit der Herkunft aus irischen, italienischen, polnischen und teilweise auch deutschen Einwanderungsfamilien. Ihnen stand die in Erie County traditionelle protestantische Hegemonie gegenüber. Diese Bruchlinie war historisch mit den Präferenzen für die eine oder andere Partei verbunden: Die Demokraten als „out-party", als Partei der Einwanderer und Minderheiten, standen der jedenfalls im Norden der USA seit Jahrzehnten historisch dominanten „in-party" gegenüber, den Republikanern (Lazarsfeld et al. 1948, S. 22–25).

Der Aufwand, den die Vielfalt der gewählten Methoden erforderte – betreffend Zeit und Personen und damit auch finanzielle Ausstattung – erklärte die Notwendigkeit der Zusammenarbeit universitärer (akademischer) Forschung mit außeruniversitären Institutionen wie der Rockefeller Foundation. Die Ausarbeitung des Forschungsplanes, vor allem aber die Erhebungen durch speziell geschulte und honorierte Personen, wie auch die Auswertung der Interviews hätten die Möglichkeiten auch eines gut ausgestatteten Departments einer gut finanzierten Universität überstiegen. Dass der von Lazarsfeld entwickelte und vertretene Forschungsstil durch seinen methodischen Aufwand einen Finanzierungsbedarf entwickelt, der auch Abhängigkeiten schafft – das war 1940 in Erie County und danach überdeutlich geworden.

Manche Bewertungen, die sich als Kritik an dem in Erie County praktizierten Forschungsstil verstehen, sehen in der Zusammenarbeit mit von Konzernen finanzierten Stiftungen oder anderen Interessen eine Verletzung des Grundsatzes wissenschaftlicher Unabhängigkeit. Doch um einen vertieften Einblick in die gesellschaftlichen (und das bedeutet immer auch in die ökonomischen und politischen) Entwicklungen zu bekommen, ist es notwendig, auch nicht traditionelle, nicht universitäre Finanzierungsquellen („Drittmittel") zu nützen. In der sozialwissenschaftlichen Forschung verhält es sich grundsätzlich nicht anders als in der naturwissenschaftlichen: Wer in der Einsamkeit des Elfenbeinturms verbleibt, dem vermeintlichen Garanten akademischer Freiheit, verzichtet auf die Erkenntnisse, die erst eine aufwendige und kostenintensive Team- und Feldforschung ermöglicht.

6.3 Erkenntnisgewinn

Die Methode der Mehrfachbefragungen machte es möglich, den Einfluss der Wahlkampagne auf die Wahlentscheidung zu messen. Lazarsfeld und das Team unterschieden zwischen

- „Constants", die von Mai bis November an ihrer bereits getroffenen Entscheidung festhielten;
- „Indecision Waverers", die im Laufe der Kampagne in bestimmten Abschnitten unsicher waren und sich phasenweise nicht festlegen konnten;
- „Crystalizers", deren Präferenz sich in den Monaten bis zur Wahl verfestigte;
- „Party Waverers", die zwischen den Parteien schwankten;
- „Party Changers", die explizit von einer Partei zur anderen wechselten.

„Party Changers" waren keineswegs die an der Wahl besonders Interessierten, die sich intensiv mit den Argumenten beider Parteien beschäftigt hätten. „The notion that the people who switch parties during the campaign are mainly reasoned, thoughtful, conscientious people who were convinced by the issues of the election is just plain wrong. Actually, they were mainly just the opposite." (Lazarsfeld et al. 1948, S. 69) Die Schlussfolgerung: Im Wahlkampf ging es letztlich weniger um ein rationales Abwägen der Argumente und mehr um emotionale Mobilisierung.

Innerhalb des Prozesses der Meinungsbildung und Entscheidungsfindung wurde unterschieden zwischen dem „Activation Effect", der Interesse und Aufmerksamkeit für den Wahlkampf erzeugt; dem „Reinforcement Effect", der eine vorhandene Parteinahme verstärkt; und dem „Conversion Effect", der eine Veränderung einer zunächst getroffenen Präferenz bewirkt. „Conversion" in verschiedenen Variationen wurden bei insgesamt 15 % der Befragten festgestellt. Festgestellt wurde auch der „Bandwagon Effect": Wählerinnen und Wähler neigten dazu, für den Kandidaten zu stimmen, dessen Sieg sie für wahrscheinlich hielten (Lazarsfeld et al. 1948, S. 73–109).

Diese typologischen Einordnungen waren besonders aufschlussreich, weil sie mit anderen Zuordnungen in Verbindung gebracht wurden: mit dem Ausmaß des Interesses an der Wahl und dem Ausmaß des Einflusses von „Cross Pressures". Personen, die überhaupt nicht oder nur in geringem Maß „Cross Pressures" ausgesetzt waren, blieben in einem besonders hohen Maß von Mai bis November bei ihrer einmal gewählten Präferenz; und ebenso waren Personen mit einem hohen Interesse an der Wahl überdurchschnittlich unter den „Constants" vertreten. Personen hingegen, die in besonderem Druck von „Cross Pressures" standen, neigten in höherem Maße dazu, ihre Präferenzen im Wahlkampf zu wechseln (Lazarsfeld et al. 1948, S. 163). Das in der Logik des Parteienwettbewerbs angelegte besondere Interesse an politisch mobilen Wählerinnen und Wählern führte zur Entwicklung des Konzeptes der „Cross Pressures". Dieses war Ausdruck gegenläufiger Determinanten, die eine Wählerin, einen Wähler in gegensätzliche Richtungen drängten. In der Studie wurde das am Beispiel der Gegenläufigkeit der Bestimmungsfaktoren Religion und Alter demonstriert: Protestanten wählten überproportional republikanisch, Katholiken überproportional demokratisch. Wählerinnen und Wähler, die älter als 45 Jahre waren, neigten deutlich stärker zu den Republikanern, jüngere zu den Demokraten. Was aber bedeutete dies für das Wahlverhalten der jüngeren Protestanten oder der älteren Katholiken? Die durch die Studie bestätigte Annahme war, dass einander widersprechende Faktoren („Cross Pressures") individuelles Wahlverhalten unberechenbarer machen (Lazarsfeld et al. 1948, S. 23–25).

Wählerinnen und Wähler, die von den Faktoren Einkommen und Religion, Generation und Bildung, ethnische Herkunft und Geschlecht in Summe nicht eindeutig in Richtung einer bestimmten Partei gedrängt werden, bewegen sich vermutlich nicht in einem politisch geschlossenen Milieu. Sie sind in ihren sozialen Kontakten offen. Sie kommunizieren mit Menschen, die nicht alle ein- und dieselbe politische Präferenz haben. Und deshalb sind sie in ihrem Wahlverhalten beweglich – und auch leichter zu beeinflussen. 1940 wählten in Erie County ältere Protestanten weit überproportional republikanisch, jüngere Katholiken weit

6.3 Erkenntnisgewinn

überproportional demokratisch. Jüngere Protestanten aber waren politisch weniger festgelegt als ältere und ältere Katholiken weniger als jüngere.

Die daraus zu ziehenden Schlussfolgerungen waren und sind für die Entwicklung jeder Wahlkampfstrategie von großer Bedeutung: Da ja die „Constants" die Gruppe sind, auf die Parteien sich am wenigsten konzentrieren müssen, muss eine Wahlkampfstrategie vor allem auf die Personen abzielen, die in erheblichem Maß unter „Cross Pressures" stehen – und auf diejenigen, die (jedenfalls am Beginn des Wahlkampfes) ein geringes Maß an politischem Interesse zeigen. „Cross Pressures" signalisieren ein größeres Maß an politischer Offenheit, und ein relativ geringes politisches Interesse deutet auf ein höheres Maß an Beeinflussbarkeit.

Über diese strategische und taktische Verwertbarkeit hinaus liefern diese Erkenntnisse eine wichtige Aussage über die Stabilität der Demokratie: Das Ausmaß von „Cross Pressures", Ausdruck von Widersprüchen und Vielfalt, sind ein – wenn nicht das – entscheidende Rahmendatum für die Demokratieentwicklung. Das Fehlen von „Cross Pressures" verwandelt den demokratischen Wettbewerb in eine Auseinandersetzung zwischen geschlossenen Glaubensgemeinschaften. Wahlen in extrem polarisierten Gesellschaften tendieren dazu, Glaubenskriege zu werden. In Gesellschaften, die vom Gegeneinander „weltanschaulich" geschlossener Gemeinschaften („Lager") bestimmt werden, geht es bei Wahlen nicht um Überzeugung – sondern nur darum, bereits Überzeugte durch eine Verstärkung der Polarisierung zu mobilisieren.

Lazarsfeld und das Forschungsteam konnten in Erie County mehrere wichtige Schlussfolgerungen verdeutlichen: Je vielfältiger einander widersprechende Einflussfaktoren sind, desto später erfolgt die Wahlentscheidung einer Person; umso wahrscheinlicher ist es, dass eine solche Person ihre Präferenz noch in den letzten Wochen vor der Wahl ändert; und umso eher ist es möglich, dass eine intensiven „Cross Pressures" ausgesetzte Person überhaupt nicht zur Wahl geht. Die Schlussfolgerung für die Parteien: „…conflicting pressures make voters ‚fair game' for the campaign managers of both parties, for they have a foot in each party." (Lazarsfeld et al. 1948, S. 61).

Diese Ergebnisse beinhalten eine signifikante Botschaft für die Zukunft der Demokratie: In einer Gesellschaft, die sich in einem dynamischen Entwicklungsprozess befindet – gekennzeichnet durch ein Ansteigen des allgemeinen Bildungsgrades, der horizontalen Mobilität (Binnenmigration, Zuwanderung, Urbanisierung) und der vertikalen Mobilität (soziale Herkunft wird als Qualifikationskriterium mehr und mehr durch individuellen Leistungsfähigkeit ersetzt) –, löst der soziale Wandel sukzessive die Geschlossenheit der Milieus auf. Bauernkinder absolvieren ein Universitätsstudium, Söhne katholischer Familien heiraten Töchter protestantischer Familien, afroamerikanische Zuwanderer aus der Karibik werden Generäle der US-Armee und Frauen regieren als Gouverneurinnen große Staaten. Das propagandistisch grob vereinfachende Bild vom Tellerwäscher, der Milliardär wird, ist in einer dynamischen Gesellschaft nicht mehr so weit von der Realität entfernt. Die Folge dieses auch als „Modernisierung" zu bezeichnenden Wandels ist, dass „Cross Pressures" immer mehr zum Regelfall und politische Entwicklungen immer weniger berechenbar werden.

Erfahrungen mit „Cross Pressures" zeigen auch eine dem orthodoxen Marxismus fremde Komplexität: Religion oder Bildung, ethnische Herkunft oder Geschlecht können grundsätzlich im selben Ausmaß wie Klasse politische Entscheidungen beeinflussen. Andere Differenzierungsmerkmale sind in ihrer Prägekraft dem Faktor Klasse nicht grundsätzlich nachgeordnet. Der ökonomische Status (oder die Zugehörigkeit zu einer Klasse) ist zwar ein wichtiger Faktor, um politisches Bewusstsein und Verhalten zu erklären. Aber Klasse kommt dabei nicht das letztendlich alles andere bestimmende Gewicht zu: Protestantische Arbeiter in New York – entscheiden sie als Protestanten eher für die Republikaner oder als Arbeiter eher für die Demokraten? „Weiße" Frauen in Kalifornien – sympathisieren sie als Frauen eher mit einer „schwarzen" Kandidatin, oder als „Weiße" mit einem „weißen" Mann? Klasse spielt in einer multipolaren Gesellschaft eine Rolle – aber nur als eine neben anderen Lebensrealitäten. Statt eines von einem letztendlich entscheidenden Vorrang eines „Klasseninteresses" ausgehenden Determinismus drücken die Forschungsergebnisse von Erie County eine nicht von vornherein in eine Rangordnung einzuordnende Vielfalt von Bestimmungsfaktoren aus.

Diese Komplexität zeigte auch die in den Befragungen gewonnene Einsicht in die Zusammenhänge zwischen dem „Index of Political Predisposition" (IPP) und dem individuellen Wahlverhalten. Zusammengesetzt aus dem religiösen Bekenntnis, dem SES Status und der Zuordnung zur Kategorie „städtisch" oder „ländlich", wurde der IPP genutzt, um die Interviewten entweder einer überwiegend republikanischen oder einer überwiegend demokratischen Voreingenommenheit zuzuordnen. Diese Zuordnung wurde differenziert und abgestuft: Die stärkste republikanische Tendenz („Score 1") zeigte sich bei wohlhabenden, protestantischen, und in ländlicher Umgebung lebenden Personen; die stärkste demokratische Tendenz („Score 7") wurde bei ärmeren katholischen Städtern festgestellt (Lazarsfeld et al. 1948, S. 174). Ärmere protestantische Städter und wohlhabende katholische Landbewohner waren in ihrer Orientierung weniger eindeutig festzumachen – sie waren von „Cross Pressures" betroffen. Sie verteilten sich auf die „Scores" von 2 bis 6.

Die Erkenntnisse, die in Erie County gewonnen wurden, halfen auch verstehen, warum jemand nicht zur Wahl ging: Die Wahlbeteiligung korrelierte positiv mit

6.3 Erkenntnisgewinn

dem allgemeinen Interesse an Politik; und ebenso mit dem Bildungsgrad. Politisch Desinteressierte ohne (High School-) Bildungsabschluss stellten den höchsten Prozentsatz der Nicht-Wählenden. Aber von diesen beiden Bestimmungsfaktoren war das generelle Desinteresse noch wichtiger als der Bildungsgrad. „Opinion Leaders" waren vor allem durch ihr generell hohes Interesse an Politik charakterisiert. „Opinion Leadership" war aber nicht einfach identisch mit sozialer Prominenz oder Reichtum (Lazarsfeld et al. 1948, S. 40–51).

Die in Erie County systematisch erhobene Bedeutung der „Opinion Leaders" war von Lazarsfeld schon im Zuge seiner Radio-Forschungen unterstrichen worden: Wer sendet eine Botschaft aus, wer nimmt sie auf und gibt sie weiter, und wie kommt diese Botschaft bei den eigentlichen Adressaten an – bezogen auf die Erie County Studie also bei den Wählerinnen und Wählern? Wie verzerrt wird diese Botschaft im Zuge dieses Kommunikationsflusses, wie beabsichtigt und wie steuerbar ist eine solche Verzerrung durch das Dazwischentreten von „Opinion Leaders"? (Katz, Lazasfeld 31 ff.)

Im Bestreben, Nicht-Wählen zu erklären, wurde auch die Bedeutung des Faktors Geschlecht herausgearbeitet. Frauen blieben häufiger als Männer im November 1940 der Wahl fern. Im Forschungsbericht wird dies mit einer aufschlussreichen Bewertung versehen: „Men are better citizens but women are more reasoned: if they are not interested, they do not vote." (Lazarsfeld et al. 1948, S. 48) Männer wählten verstärkt aus einem staatsbürgerlichen Pflichtbewusstsein heraus, selbst wenn sie eigentlich am Wahlausgang nicht wirklich interessiert waren. Frauen handelten „vernünftiger": Sie setzten ihr Desinteresse rational um. Sie neigten dazu, die Stimmabgabe bei einer Wahl zu verweigern, die für sie persönlich ohne besondere Bedeutung war.

Die Ergebnisse in Erie County begründeten eine Einsicht in die Zusammenhänge zwischen Wahlbeteiligung und demokratischer Qualität, auf die vor allem Seymour Martin Lipset aufbauen konnte: Es gibt, so Lipset, keinen erkennbaren linearen Zusammenhang zwischen der Wahlbeteiligung und der Stabilität eines demokratischen Systems. Eine sehr hohe Wahlbeteiligung ist oft auch Ausdruck einer latent explosiven politischen Polarisierung, die Demokratien destabilisieren und zerstören können. Daraus darf dennoch nicht geschlossen werden, dass eine besonders geringe Wahlbeteiligung ein positiver Indikator für demokratische Stabilität wäre. Aber die im Alltagsdiskurs oft beobachtbare Interpretation, dass eine gesteigerte Wahlbeteiligung von vornherein ein positives Zeichen für Stabilität und Qualität einer Demokratie ist, kann nicht bestätigt werden (Lipset 1981, S. 226–229).

In seiner Wiener Zeit hatte Lazarsfeld – als Marxist – die Gesellschaft als bipolar wahrgenommen, bestimmt vom Gegensatz zweier Klassen: vom Gegensatz zwischen der unvermeidlich absteigenden Bourgeoisie und dem ebenso unvermeidlich aufsteigenden Proletariat. Die Interessen dieser Klassen standen einander antagonistisch gegenüber, so das Standarddenken des Marxismus. Der Konflikt zwischen den Klassen konnte nur durch den (mit welchen Mitteln auch immer errungenen) Sieg der einen über die andere Klasse beendet werden. Der Sieg der aufsteigenden über die absteigende Klasse wurde im Rahmen dieses Denkmusters als gewiss vorausgesetzt – nicht was den Zeitpunkt, sehr wohl aber was das Endergebnis des Klassenkampfes betraf. Lazarsfeld und die Sozialdemokratie seiner Zeit hatten der „Revolution" genannten Putsch-Strategie Lenins und der Bolschewiken zwar eine Absage erteilt. Die sozialdemokratischen Parteien Europas optierten für den langen Marsch durch die Institutionen einer repräsentativen Demokratie. Aber auch der demokratische Sozialismus war der marxistischen Ausgangsdiagnose treu geblieben: Politik war letztlich der Kampf der einen gegen die andere Klasse.

In den USA hatte sich Lazarsfelds Wahrnehmung wesentlich verändert. Politik war weiterhin ein Konflikt zwischen gegenläufigen Interessen, über die sich Ideen („Ideologien") spannten. Politik war für Lazarsfeld auch 1940 und danach bestimmt von einem Unterbau, über den sich ein Überbau konstruieren ließ, der mehr oder weniger idealistisch, mehr oder weniger naiv, mehr oder weniger als Produkt propagandistischer Steuerung zu verstehen war. Doch Lazarsfeld war nach Marienthal die Wahrnehmung einer Dichotomie des dem Klassenkampf entsprechenden Entweder-Oder abhanden gekommen. Und die Bipolarität zweier gegenläufiger Interessen wurde immer mehr von der Multipolarität einer Interessenvielfalt ersetzt. Es war ein Lern- und Wandlungsprozess, der in Marienthal begonnen und in Erie County manifest geworden war.

Lazarsfeld dachte nicht daran, die Wirklichkeit der US-amerikanischen Demokratie auf den Widerspruch zwischen Arbeit und Kapital zu reduzieren. Ein solcher Widerspruch existierte zwar, ausgedrückt in den Determinanten Vermögen und Einkommen und deren extrem ungleicher Verteilung. Aber neben diesem Widerspruch sah Lazarsfeld auch die Widersprüche zwischen den ethnisch-„rassischen" und den konfessionellen Subgesellschaften. Faktoren wie Bildung und Alter und Geschlecht ließen sich nicht einfach in die bipolare Begrifflichkeit marxistischen Klassendenkens auflösen. Und Lazarsfeld ordnete diese nicht oder zumindest nicht primär ökonomisch bestimmten Widersprüche nicht mehr dem im marxistischen Verständnis „primären" Widerspruch der Klassen unter. Ethnizität und Religion, Bildung und Geschlecht und Generation waren mehr als „intervenierende Variablen", mehr als bloß „sekundäre" Widersprüche, mehr als kultureller Überbau. Dass die Auflösung aller „sekundären" Widersprüche eine logische Konsequenz der Überwindung des „primären" Widerspruchs

6.3 Erkenntnisgewinn

wäre – vom Gegensatz der Klassen, eine solche Logik konnte Lazarsfeld aus der gesellschaftlichen Realität der USA nicht ableiten. Alle diese Variablen, die diese Multipolarität der Widersprüche begründeten, waren gerade in ihrer komplexen Überkreuzung dem Klassengegensatz nicht nachgeordnet, sie waren ihm gleichgestellt.

Lazarsfeld löste sich damit wohl endgültig von einem marxistischen Denken, von dessen dogmatischer Verengung in Form einer Fixierung auf die eine und letztlich allein entscheidende Konfliktlinie. Lazarsfeld hatte den marxistischen Denkansatz pluralisiert. In diesem Sinne hatte er ihn aber auch überwunden. Die in Lazarsfelds Wahlforschung zum Ausdruck kommende Vielfalt der Interessen, die er nicht in ein Ranking brachte, passte ganz einfach nicht mehr in das Entweder-Oder marxistischen Klassendenkens. In Erie County war ökonomische Ungleichheit ein bestimmender Faktor. Der Widerspruch zwischen den sozioökonomisch definierten Klassen – ausgedrückt in der Differenzierung innerhalb des „SES" – war von wesentlicher Bedeutung, aber er war nur ein Widerspruch neben anderen. Alle diese Erkenntnisse waren mit dem Marxismus nicht wirklich kompatibel, und zwar auch nicht mit dessen demokratischen Variationen wie dem Austromarxismus.

Dieser Wandel in Lazarsfelds Denken hatte sich wohl schon in Marienthal abgezeichnet. Im Dorf der Arbeitslosen hatte sich die von einer Wirtschaftskrise ausgelöste wirtschaftliche und soziale Not verschärft, nicht aber der Klassenkonflikt. Die Krise hatte zu Resignation und Apathie innerhalb der Klasse geführt, die eigentlich zur Revolution bereit sein sollte. Resignation und diese Apathie bedeuteten natürlich nicht das Ende gegenläufiger sozioökonomischer Interessen. Die Erfahrungen von Marienthal waren aber – auch für Lazarsfeld – der Ausgangspunkt einer Ernüchterung: Eine umfassende soziale Reformagenda konnten nicht auf eine revolutionäre Strategie setzen, sie brauchte eine evolutionäre Strategie, um auf Erfolg hoffen zu können.

Solche Erfolge hatten der „New Deal" und die ab 1945 demokratisch erstrittenen wohlfahrtsstaatlichen Systeme Westeuropas erzielt. Ersichtlich war, dass der Gegensatz zwischen Klassen nicht als Nullsummenspiel zu verstehen ist. Die Vorstellung von einander prinzipiell ausschließender Klasseninteressen war falsifiziert. Der Klassenkampf ließ sich im Rahmen einer pluralistischen Demokratie in eine „Win–Win" Situation verwandeln, von der sowohl profitorientierte Unternehmer als auch die lohnabhängige Bevölkerung Nutzen ziehen konnten. An dieser Entwicklung war auch die europäische Sozialdemokratie aktiv beteiligt. Doch davor hatten die sozialdemokratischen Parteien die Interpretation der Gesellschaft als eine von unüberbrückbaren Klassengegensätzen bestimmter (Un-) Ordnung aufgeben müssen. Revolution bot keine Perspektive mehr. Evolution durch demokratische Reformen hatte die Politik der Ära Roosevelt schon in den 1930er Jahren bestimmt – und bestimmte die Politik Westeuropas nach 1945. Eben diesen Schritt weg von einer revolutionären Perspektive hatte auch Paul Lazarsfeld vollzogen.

Die Realität der US-Gesellschaft und der US-Demokratie hatte Lazarsfelds (austro)marxistisches Verständnis von Gesellschaft und Politik aufgelöst, nachdem er schon in Marienthal erkennbar auf Distanz zum Marxismus gegangen war. Zu einfach, zu geradlinig war ein Zugang, der von einer Bipolarität der Klassen ausging, um der Komplexität und Vielfalt der US-amerikanischen Verhältnisse gerecht zu werden. Ob und inwieweit diese De-Konstruktion eines marxistischen Vorverständnisses auch von der Erfahrung mit der Komplexität Österreichs vor 1914 beeinflusst war, muss offen bleiben: Die Vielfalt zum Beispiel der Parteienlandschaft in dem 1911 direkt auf der Grundlage eines allgemeinen und gleichen Männerwahlrechtes gewählten Abgeordnetenhauses des Reichsrates reflektierte eine vor allem ethnische Heterogenität, die der amerikanischen in nichts zurückstand. „Klasse" musste vor 1914 in der Wirklichkeit des alten Österreich immer wieder hinter „Nationalität" zurückstehen. Diese altösterreichische Vielfalt war 1914 verloren gegangen. Die Vielfalt des alten Österreich hatte nicht politisch integriert werden können. Die Vielfalt der US-amerikanischen Gesellschaft hingegen war in einer konstruktiven Form eingebunden: „E Pluribus Unum".

In Erie County, Ohio, analysierten Lazarsfeld und das gesamte Forschungsteam eine Gesellschaft der Widersprüche. Aber anders als der Marxismus – jedenfalls der, den Lazarsfeld noch um 1920, 1925 vertreten hatte – waren diese Widersprüche nicht von einer klar vorgegebenen Rangordnung geprägt. In Übereinstimmung mit Bert Brecht kam dem „Fressen" zentrale Bedeutung zu. Anders als bei Brecht aber folgte die „Moral" nicht einfach der Logik des Materialismus. Die „Moral" führte, ausgedrückt im Wahlverhalten, ein Eigenleben – neben und nicht einfach nur dem „Fressen", dem materiellen Interesse der jeweiligen Klasse nachgeordnet. Das alte Österreich, das Lazarsfeld vor 1918 persönlich erleben konnte, war nicht in der Lage gewesen, die komplexen Widersprüche zu integrieren. Die US-amerikanische Demokratie vermochte dies: durch einen demokratischen Mechanismus, dessen Herzstück freie und faire Wahlen waren. Und deren Funktionsweise hatte der Sozialforscher Lazarsfeld 1940 und 1948 auszuleuchten vermocht.

Das Forschungsdesign, das in Erie County umgesetzt wurde, ist eine vielfältig nutzbare Vorlage für Forschungsprojekte in anderen Ländern und anderen Zeiten. Der „Index of Political Predisposition" (IPP), der den SES Status, die religiöse

6.3 Erkenntnisgewinn

Bindung und die Faktoren Geschlecht, Alter, Bildung verbindet, kann für Erhebungen des Wahlverhaltens in allen demokratischen Systemen verwendet werden: in Japan und in Mexiko, in Südafrika und in Portugal. Erforderlich wäre, die zur Erstellung eines IPP notwendigen Variablen an die spezifische Situation des jeweiligen Landes anzupassen – etwa an die dominante Frage der Bi-Nationalität in Kanada oder an die Explosivität der einander verstärkenden religiösen und nationalen Identitäten in Nordirland. Für die Untersuchung des Wahlverhaltens in Israel müsste zwischen verschiedenen Formen jüdischer Identität unterschieden werden – zwischen europäisch und orientalisch, säkular und orthodox, religiös und national. Für eine Erhebung der Bestimmungsfaktoren des Wahlverhaltens im indischen Bundesstaat West-Bengalen wäre die durch sprachliche (Bengali, Hindi) und religiöse (Hindu, Muslim, Sikh) Heterogenität besonders komplexe „Cross Pressure" Situation zu berücksichtigen. „Erie County" war und bleibt gerade deshalb eine Pionierleistung der politischen Sozialforschung, weil die Grundelemente der 1940 für den kleinen Bezirk in Ohio erstellten Forschungsfragen und Forschungstechniken adaptierbar sind; anwendbar für alle Demokratien.

New York: Columbia University

1939 wurde Lazarsfeld an die Columbia University berufen. Diese Universität in New York City, mit ihrem Campus im Norden von Manhattan, zählte zu den wichtigsten Forschungs- und Bildungsstätten der USA. Wie die Harvard University in Massachusetts, die Yale University in Connecticut und die Princeton University in New Jersey galt Columbia traditionell als eine der ersten Adressen für die Rekrutierung der intellektuellen Elite des Landes. Mehr als drei Jahrzehnte sollte sich Lazarsfeld nun mit dem Sociology Department der Columbia University identifizieren – und dieses mit Lazarsfeld.

Wie die anderen der elitären „Ivy League" Universitäten im Nordosten der USA hatte sich auch Columbia erst allmählich den von höherer Bildung ausgeschlossenen gesellschaftlichen Gruppen geöffnet: den Frauen und allen, die nicht in die Kategorie der „WASPs" passten, der „White Anglo-Saxon Protestants". 1939 war dieser Ausschluss bereits Geschichte. Columbia war schon seit Jahrzehnten integriert: Frauen und Nicht-Weiße und Nicht-Protestanten waren willkommen. Dennoch: Die Spitzenpositionen in Forschung in Lehre waren auch 1939 noch immer fast ausschließlich männlich und „weiß" besetzt.

Lazarsfeld selbst passte in einem einzigen Punkt nicht in das informell im Hintergrund noch immer erkennbare Einschlusskriterium der „WASPs": Seine Herkunft entsprach nicht dem, was unter angelsächsisch und protestantisch verstanden wurde. Aber das spielte offenbar 1939 kaum mehr eine Rolle. Wäre er weiblich oder „schwarz" gewesen, wäre seine Berufung zwar möglich, aber auffällig gewesen.

7.1 Columbias Sociology Department

Als Lazarsfeld 1939 Professor an der Columbia University wurde, war deren Sociology Department in einer Krise. Die beiden „senior professors" – Robert M.MacIver und Robert S.Lynd – waren offenbar nicht mehr fähig oder willens, kollegial zusammenzuarbeiten. Der Präsident der Universität, Nicholas Murray Butler, berief Lazarsfeld und Robert K. Merton als junge Professoren in der Hoffnung, dass sie die Brüche im Department überwinden könnten. Aus dieser Entscheidung der Universitätsleitung entstand das, was Merton im Rückblick „the unanticipated consequences of purposive social action" nannte: Die Bestellung Lazarsfelds und Mertons half nicht nur, das Department zu befrieden. Zwischen Lazarsfeld, dem der Ruf des Methodikers vorauseilte, und dem im Bereich der Sozialtheorie ausgewiesenen Merton entstand über Jahrzehnte eine besondere wissenschaftliche Partnerschaft, trotz der unterschiedlichen Schwerpunkte ihrer Forschungsinteressen (Merton 1998, S. 164–171).

Lazarsfeld und andere am Sociology Department der Columbia University kooperierten mit der US-Regierung in Form von Forschungsprojekten, die der Politik der Regierung Roosevelt nützlich waren. Es waren etwa Forschungen über den Umfang der gesellschaftlichen Akzeptanz von politischen Maßnahmen, und zwar auch im Zusammenhang mit den Kriegsanstrengungen der USA, die 1941 nach dem japanischen Überfall auf Pearl Harbour und der deutschen Kriegserklärung aktiv in den Weltkrieg eingegriffen hatten. Die Forschungsorganisation des Departments lag vor allem beim „Office of Applied Social Research" der Columbia University, das aus dem „Office of Radio Research" hervorgegangen und mit Lazarsfeld 1939 von Princeton nach Columbia gewechselt hatte (Lazarsfeld 1969, S. 326–337).

In den 1950er Jahren, als Lazarsfeld einer der Prominentesten US-amerikanischen Soziologien wurde, warf US Senator Joseph McCarthy einen Schatten auf die universitäre Forschung und Lehre. McCarthy war auf der Suche nach real existierenden oder erfundenen „Agenten", die versuchten, die amerikanische Gesellschaftsordnung und das politische System der USA im Auftrag der UdSSR zu unterwandern. Auch und gerade die in den 1930er Jahren aus Europa in die USA eingewanderten Intellektuellen sahen sich unter Generalverdacht gestellt. Viele aus den Reihen dieser „Intellectual Migration" glaubten, Analogien zwischen Faschismus und der Demagogie McCarthys wahrnehmen zu können. (Hughes 1969, S. 485) Freilich: allem von McCarthy genährten Misstrauen zum Trotz war der grundlegende Unterschied zwischen einer antikommunistischen, hysterische Züge annehmenden Atmosphäre (wie in den 1950er Jahren in den USA) und den totalitären Systemen Europas deutlich. Hannah Arendt, die ja

7.1 Columbias Sociology Department

auch aus Europa stammte, hatte mit ihrem Buch über die mit den Namen Hitler und Stalin verbundenen Herrschaftsformen den prinzipiellen Unterschied zwischen Totalitarismus und einer auch für Fehlentwicklungen anfälligen Demokratie deutlich gemacht (Arendt 1995).

Das von McCarthy geschaffene Klima mag erklären, warum Lazarsfeld in der Zeit seiner Etablierung an der Columbia University wenig Wert darauf legte, seine marxistischen Wurzeln zu betonen. In seinen Erinnerungen schrieb er zwar über die „ideologischen Komponente" seiner Forschungen in den 1920er und 1930er Jahren, und er sah in seinem wissenschaftlichen Verständnis dieser Zeit „a visible Marxist tinge". Aber diese marxistische „Färbung" ergänzte er mit dem berechtigten Argument, dass der Austromarxismus – anders als der Marxismus-Leninismus – auf eine Strategie des friedlichen Parteienwettbewerbs gesetzt hatte. Und er berief sich bei dem Hinweis auf seine Forschungen in den Wiener Jahren nicht auf Marx, sondern auf Emile Durkheim (Lazarsfeld 1969, S. 278 f.). Unabhängig von jeder möglichen politischen Vorsicht, die ihn vielleicht veranlasste, in den USA die Etikette eines Marxisten zu vermeiden: „The People's Choice" und „Voting" waren Forschungen, die nach dem herrschenden politischen Verständnis keinesfalls als marxistisch gelten konnten.

Lazarsfeld und Merton wurden bald nach ihrer Berufung die Protagonisten dessen, was die „Columbia Sociology Machine" genannt wurde. Lazarsfeld und Merton unterrichteten ein Seminar für Studierende im PhD-Programm, das für seinen herausfordernden Charakter bekannt war. Lazarsfeld war im Zusammenspiel mit Merton der Empiriker, Merton der Theoretiker. Der akademische Lehrer Lazarsfeld wurde so charakterisiert: „Dynamic, manipulative, original, and stimulating. His influence is global, and social science was permanently changed by him." (Clark 1998, S. 296).

Merton beschrieb die Kooperation mit Lazarsfeld in Forschung und Lehre als eine wider Erwarten gelungene „improbable" Zusammenarbeit zwischen zwei sehr verschieden orientierten Wissenschaftlern, die aber gerade deshalb gemeinsam erfolgreich sein konnten. Lazarsfeld produzierte in rascher Folge Forschungsergebnisse, die vor allem mit sozialwissenschaftlicher Methodologie zu tun hatten. Merton war in seiner Publikationstätigkeit zurückhaltender, und sein Schwerpunkt war die soziologische Theorie. Die beiden, die für die Weltgeltung der an der Columbia University vertretenen Soziologie primär verantwortlich waren, bildeten ein auf den ersten Blick widersprüchliches Paar – „an ostensible ‚Odd Couple'" (Merton 1998, S. 164–169).

Die Erfolge des Soziologie-Instituts an der Columbia University bauten darauf, dass Lazarsfeld und Merton miteinander kooperieren wollten und konnten und diesen Stil der Kooperation im gesamten Department verbreiteten. Sie waren auch daran interessier, die kommende Generation zu fördern. Die kollegiale Atmosphäre und die flache Hierarchie eines Departments an einer der in jeder Hinsicht großen US-amerikanischen Universitäten: Das war so ganz anders als die bis tief ins 20.Jahrhundert hinein herrschenden Strukturen europäischer Universitäten, die gekennzeichnet waren vom Nebeneinander (nur zu oft auch vom Gegeneinander, nur selten vom Miteinander) der Ordinariate, Lehrstühle, Lehrkanzeln; besetzt von einzelnen Personen, die selten an Teamarbeit interessiert waren. Lazarsfeld war mit verantwortlich für die Überwindung des Stils, den er noch in Europa erlebt hatte.

Zu denen, die – ausgehend von der Columbia University – eine sozialwissenschaftliche Karriere machten und sich ausdrücklich darauf beriefen, von Lazarsfelds Verständnis von Soziologie profitiert zu haben, zählten James Coleman und Seymour Martin Lipset. Coleman war vor allem von Lazarsfelds strengem Verständnis von Methodologie geprägt, die keinen Raum für auch nur unterschwellig wirkende persönliche Voreingenommenheiten ließ. Coleman erinnerte an den persönlichen Magnetismus, der von Lazarsfeld ausging und auch darin bestand, dass Lazarsfeld ständig Menschen um sich versammelte, von denen er ebenso lernen konnte wie sie von ihm lernten (Coleman 1998, S. 283).

Seymour Martin Lipset behielt Lazarsfelds um letztmögliche Präzision bemühtes Nachfragen in bleibender Erinnerung: Wenn es um die Messung von Intelligenz ging, insistierte Lazarsfeld, dass die Variable „Klasse" in Verbindung mit dem sozioökonomisch und kulturell definierten Milieu der Familie immer konstant zu halten wäre; und beim Faktor „Migration" hätte er darauf gedrängt, unbedingt zwischen den verschiedenen Formen des historischen Migrationsmotivs zu unterscheiden – zwischen einer politischen Flucht, einer wirtschaftlich motivierten Einwanderung und einer erzwungenen Immigration wie der Sklaverei (Lipset 1998, S. 259).

Paul Neurath, der wie Lazarsfeld aus Österreich in die USA gekommen war und als jüngerer Kollege an der Columbia University mit Lazarsfeld zusammenarbeitete, betonte in seinen Erinnerungen die Rolle Lazarsfelds bei der Etablierung der „mathematischen Soziologie". Ausdruck dieser von Lazarsfeld initiierten Orientierung war die Vortragsreihe „Mathematical Thinking in the Social Sciences". Verschiedene Symposien, von Lazarsfeld in den letzten Jahren seiner Tätigkeit an der Columbia Universität organisiert, führten zu einer engen Kooperation mit soziologischen Instituten in Frankreich (Neurath 1998, S. 516 f.).

Es waren die Jahrzehnte, die Lazarsfeld an der Columbia University verbrachte, die seinen Ruf als Schöpfer der empirischen Sozialforschung weltweit festigten. Lazarsfeld wurde allgemein – in den USA und allmählich auch in

Europa – mit dem Ausbruch der Soziologie aus einer Isolation identifiziert. Soziologie à la Lazarsfeld hatte die Enge einer bloßen, oft spekulativen Analyse sozialer Ideen gesprengt. Soziologie war auch mehr als die Parteinahme für oder Gegnerschaft zu bestimmten politischen Reformvorhaben. Soziologie (und mit ihr Sozialwissenschaften schlechthin) wurde dank Lazarsfeld immer als Wissen über konkret beobachtbares und messbares soziales Handeln verstanden (Fürstenberg 1998, S. 424).

7.2 Lazarsfeld und die Theorie der Demokratie

Es ist unbestritten, dass Lazarsfeld einer der Begründer der empirischen Sozialforschung war. Seine großen Projekte, betreffend das Wahlverhalten in Erie County und in Elmira, aber auch seine Kommunikationsstudien etwa in der Radioforschung gelten als Meilensteine der Entwicklung der Sozialwissenschaften. Aber die immer wiederkehrende Betonung der Leistungen des „Empirikers" Lazarsfeld könnte vergessen machen, dass Lazarsfelds Gesamtwerk breiter und tiefer zu verstehen ist als „bloß" quantitativ orientierte Forschung.

Lazarsfelds Wahlstudien sind ein so nicht intendierter, aber dennoch zentraler Beitrag zur Theorie der Demokratie. Zur selben Zeit, als Lazarsfeld und sein Team in Erie County mit neu entwickelten Methoden nach Erklärungen für politisches Verhalten suchten und fanden, entwickelte ein anderer Exilösterreicher an der Harvard University eine „realistische" (und empirisch überprüfbare) Demokratietheorie, die das „klassische" Demokratieverständnis à la Abraham Lincoln („Government by the People, of the People, and for the People") als letztlich naives Wunschdenken entlarvte. Schumpeters Demokratiedefinition war auf den „Wettbewerb um Wählerstimmen" abgestellt, also auf Wahlen und Wahlkampf (Schumpeter 1950).

Lazarsfelds Forschungsarbeiten sind zwar nicht in das Feld sozialer und politischer Theorie einzuordnen. Lazarsfelds relativ geringes Interesse an sozialistischer Theorie zu einer Zeit, als er sich noch als Marxist sah (Lazarsfeld 1969, S. 285), unterstreicht dies. Aber als empirischer Forscher war er unvermeidlich von einem theoretischen Vorverständnis bestimmt. Seine intensive Beschäftigung mit demokratischen Wahlen in den USA in der Ära der Präsidenten Roosevelt und Truman stand in Zusammenhang mit einer freilich nicht offen deklarierten, sehr wohl aber indirekt erkennbaren Vorstellung von Demokratie. Auch wenn Lazarsfeld – anders als Joseph Schumpeter und Hans Kelsen, die beide aus Österreich (mit einer Zwischenstation in Deutschland) in die USA emigriert waren

– kein explizit theoretisches Konzept von Demokratie vorlegte: Seine Forschungen reflektierten eine Sicht auf die real existierende Demokratie und helfen mit, zum Gesamtbild des Sozialwissenschaftlers Lazarsfeld beizutragen.

In seinem erstmals 1942 veröffentlichten Buch "Kapitalismus, Sozialismus und Demokratie" definierte Schumpeter Demokratie als „Ordnung der Institutionen zur Erreichung politischer Entscheidungen, bei welcher einzelne die Entscheidungsbefugnis vermittels eines Konkurrenzkampfes um die Stimmen des Volkes erwerben." (Schumpeter 1972, S. 428) Schumpeter sah Demokratie als ein System der Verteilung von Entscheidungsbefugnis (also von Macht), um die sich die daran Interessierten in Form eines Wettbewerbes um Stimmen bemühen müssen. Dieser Wettbewerb um Macht wird von denen entschieden, die dieser Macht unterworfen sind.

Schumpeter, der sich nicht auf Lazarsfelds Forschungen bezog (ebenso wenig wie Lazarsfeld sich in seinen Veröffentlichungen mit Schumpeter auseinandersetzte), hatte damit eine klare Grenze zum klassischen Verständnis von Demokratie gezogen. Er sah die Demokratie nicht einfach als „Volksherrschaft", sondern als „Methode", in deren Mittelpunkt ein Wettbewerb zur Maximierung von Stimmen steht. Dadurch stellte Schumpeter eine Verbindung zur empirischen Wahlforschung her. Denn im Zentrum dieses demokratischen Wettbewerbes stehen Wahlen. Das Resultat des für die Demokratie zentralen Konkurrenzkampfes ist nicht die Herrschaft des „Volkes", sondern eine durch das Ergebnis der Wahlen legitimierte „Entscheidungsbefugnis" einzelner. Nach Schumpeters Verständnis herrscht in einer Demokratie nicht „das Volk", sondern eine durch die Zustimmung der Regierten zur Regierung befugte Elite.

Lazarsfelds Wahlforschung konzentrierte sich auf die Methode der demokratischen Legitimation von Herrschaft. Damit beschäftigte sich Lazarsfeld mit dem, was das Wesen von Schumpeters Demokratietheorie ausmacht. Und auch wenn Lazarsfeld – anders als Schumpeter – diese Methode nicht einfach mit Demokratie gleichsetzte: Lazarsfelds Forschungen lieferten empirisch gewonnenen Erkenntnisse, die Schumpeters Demokratieformel mit konkretem Inhalt füllten.

Schumpeter, 1883 geboren, teilte mit Lazarsfeld den altösterreichischen, bildungsbürgerlichen Hintergrund. Er teilte mit ihm aber nicht die jüdische Herkunft. Hans Kelsen, 1881 in Prag geboren, hatte mit Schumpeter und Lazarsfeld die österreichische Herkunft gemeinsam – und mit Lazarsfeld auch die familiäre Verbindung zum Judentum. Kelsen, dessen wissenschaftliche Bedeutung vor allem durch seine „Reine Rechtslehre" und die mit dieser verbundenen Schule des „Rechtspositivismus" begründet war, sympathisierte zwar (wie Schumpeter) über weite Strecken seines Lebens mit der Sozialdemokratie, er war aber – wie Schumpeter, aber anders als Lazarsfeld – nie Marxist (Swedberg 1991, S. 162–164, 193; Olechowski 2020, S. 28–45).

In seinem in erster Auflage 1920 erschienen Buches „Vom Wesen und Wert der Demokratie" vertrat Kelsen – zwei Jahrzehnte vor Schumpeter – ein methodisches Demokratieverständnis. Demokratie war für Kelsen „eine bestimmte Methode der Erzeugung der sozialen Ordnung". Er unterschied einen „formalen" von einem „sozialen" Demokratiebegriff. Dieser setzt Demokratie mit (tendenziell generalisierenden) Inhalten (wie „soziale Gerechtigkeit") gleich. Die „formale" Demokratie unterscheidet sich durch die Möglichkeit, sie durch klare methodische Regeln abzugrenzen, von der Unbestimmtheit der „sozialen" Demokratie. Letztere kann – begrifflich – auch zur pseudodemokratischen Rechtfertigung von Diktaturen benutzt werden, während die „formale" Demokratie durch die ihr immanente Skepsis gegenüber a priori festgesetzten Inhalten geeignet ist, eine Grenzüberschreitung in Richtung Diktatur zu verhindern (Kelsen 2018, S. 123 f.).

Kelsens Demokratieverständnis wurde von Lazarsfeld nicht explizit geteilt. Aber es gibt, implizit, eine deutliche Kompatibilität. Das wird vor allem in Kelsens Hinweis auf die Unvereinbarkeit von Demokratie mit jedem Glauben an eine absolute Wahrheit und absolute Werte deutlich. Kelsens Aussage, dass nur „relative Wahrheiten, nur relative Werte der menschlichen Erkenntnis erreichbar sind" (Kelsen 2018, S. 129 f.), fand zwar – in ihrer philosophischen Dimension – in Lazarsfelds empirischer Wahlforschung keine ausdrückliche Bestätigung. Aber ohne die Absage an „absolute Werte" würde eine Entscheidung wie die zwischen Roosevelt und Willkie (1940) oder zwischen Truman und Dewey (1948) ihre zentrale Funktion einbüßen, mit letzter Autorität Machtbefugnisse zu verteilen und zu rechtfertigen. Lazarsfelds Demokratieforschung durchleuchtete Prozesse, in denen es nicht um „wahr" oder „unwahr", nicht um „gut" oder „böse" ging – sondern um die Frage, welche Option für welche Menschen des relativ Bessere oder, anders ausgedrückt, das kleinere Übel wäre.

Die Vereinbarkeit von Lazarsfelds Wahlforschungen mit den demokratietheoretischen Ansätzen, die nicht auf Inhalte, sondern Methoden abgestellt sind – mit Theorien also, die Prozesse in den Mittelpunkt der Demokratie rücken –, wurde besonders von Anthony Downs unterstrichen. Downs' „An Economic Theory of Democracy", 1957 in erster Auflage erschienen, war die Weiterentwicklung von Schumpeters methodischem Verständnis von Demokratie. Schumpeter hatte die Mechanismen des ökonomischen Marktes auf die Politik übertragen und so die Demokratie als politischen Markt definiert: Parteien erfüllen die Funktion der Anbieter, Wählerinnen und Wähler die der Nachfragenden. Downs führte Schumpeters theoretischen Zugang weiter, indem er verdeutlichte, dass der Marktmechanismus der Demokratie zu einer substantiellen Umkehrung des Verhältnisses von Regierenden und Regierten führt: Personen und Parteien, die sich um den Gewinn von Macht unter der Einhaltung der Regeln der Demokratie bemühen, stellen die Maximierung von Stimmen über die Konsistenz ihrer eigenen politischen Inhalte. Das Primärinteresse von Parteien ist nicht, Wahlen zu gewinnen, um politische Inhalte zu verwirklichen. Das Primärinteresse ist der Wahlerfolg selbst. Um diesen zu erreichen, sind Parteien bereit, ihre in Programme gegossenen Inhalte immer wieder zu adaptieren, um so Wahlen gewinnen zu können (Downs 1957, S. 11–14).

Downs unterstrich damit die innere Logik eines oft „Entideologisierung" genannten Entwicklungsprozesses. Parteien, die sich auf den Boden der Demokratie stellen und deren Regeln respektieren, müssen im Interesse des Wahlerfolges ihren Wertekanon an die sich wandelnden gesellschaftlichen Gegebenheiten anpassen. Klare ideologische Profile werden für Parteien dann zum Nachteil, wenn programmatische Inhalte sich als Hindernis erweisen, um im Wettbewerb mit anderen Parteien erfolgreich zu sein. Die Logik der Stimmenmaximierung führt – eine grundsätzlich stabile demokratische Ordnung vorausgesetzt – zu einer permanenten Anpassungs-, ja Unterwerfungsneigung der Parteien gegenüber den Präferenzen der für den Wahlerfolg entscheidenden Wählerinnen und Wähler.

Downs bezog sich mehrfach auf Lazarsfeld (Downs 1957, S. 8, 222, 229, 243, 298 f.). Lazarsfelds Erkenntnisse, veröffentlicht in „Personal Influence", in „The People's Choice" und in „Voting", begründen Downs' Absage an die Vorstellung einer abstrakt „rational" erfolgenden Wahlentscheidung: Es geht bei der Festlegung einer politischen Präferenz nicht nur, ja oft nicht primär um das Abwägen politischer oder wirtschaftlicher Vorteile aus der Sicht eines klar definierten Interesses. Politisches Verhalten wird auch und wesentlich von „Primary Groups", also von sich tendenziell verschließenden Milieus beeinflusst, deren Angehörige einander bestärken und sich nur zögernd mit Argumenten auseinandersetzen, die der Voreingenommenheit der eigenen Gruppe widersprechen könnten. Lazarsfelds Forschungen liefern Erkenntnisse, die Downs' Theorie Plausibilität verleihen.

Downs' Konzept einer auf demokratischem Wettbewerb errichteten politischen Ordnung und Lazarsfelds Analyse dieses Wettbewerbs waren um die Mitte des 20.Jahrhunderts eine Provokation für alle, die an der Vorstellung von Demokratie als einem wertorientierten Wettbewerb von Ideen festhalten wollten. Die ökonomische Theorie der Demokratie schien eine Rechtfertigung, ja geradezu ein Plädoyer für politischen Werteverlust zu sein. Demokratie als eine Auseinandersetzung zwischen Parteien, die um Marktanteile kämpfen? Waren Downs und Lazarsfeld wertfreie Analytiker einer nur der Form nach demokratischen, in ihrem Kern aber vor allem zynischen Politik, der jede ethische Dimension fehlte?

7.2 Lazarsfeld und die Theorie der Demokratie

In einem gerade von Faschismus und Nationalsozialismus befreiten, aber gleichzeitig vom Marxismus-Leninismus bedrohten Europa war es nicht einfach, dem Zerrbild einer als „amerikanisiert" etikettierten, „bloß" formalen Demokratie entgegenzutreten. Dazu brauchte es Brückenbauer, die den Mehrwert der von Downs theoretisch formulierten und von Lazarsfeld empirisch untermauerten Demokratie verständlich machen konnten.

Zu diesen Brückenbauern zählte Ernst Fraenkel, eine der prägenden Persönlichkeiten der (west)deutschen Politikwissenschaft nach 1945. Beeinflusst von seinem Studium in den USA – wo er als Deutscher jüdischer Herkunft Schutz gefunden hatte –, war er bis 1975 Professor für Politikwissenschaft an der mit amerikanischer Unterstützung in West-Berlin gegründeten „Freien Universität". Sein Gesamtwerk wurde vom Begriff des Pluralismus bestimmt, in dem er das Wesensmerkmal der „westlichen", der liberalen Demokratie sah (Fraenkel 2015, S. 360–372). Zentral für Fraenkels Verständnis von Pluralismus war die Betonung der Ergebnisoffenheit des demokratischen Prozesses. Fraenkel sah in der „Konkurrenztheorie" der Demokratie die in sich schlüssige Konzeption von Demokratie, die sich gegenüber dem Totalitarismus immun erweist (Fraenkel 2015, S. 82–94). In der Unterscheidung zwischen einem „hypothetischen", normativ vorgegebenen, letztlich fingierten Volkswillen (dem Gemeinwohl „a priori") und einem „empirischen" Volkswillen, der in Form von Wahlergebnissen messbar ist und sich immer wieder neu artikuliert (dem Gemeinwohl „a posteriori"), traf sich Fraenkel explizit mit Schumpeter und Downs – und indirekt auch mit Lazarsfeld, dessen Untersuchungen sich auf eine lebendige, sich ständig weiterentwickelnde und ebenso unvollkommene wie offene Demokratie bezogen (Fraenkel 2015, S. 271–276, 329–342).

Robert Dahl, der vermutlich einflussreichste Demokratietheoretiker der zweiten Hälfte des 20.Jahrhunderts, betonte mehrfach, dass Demokratie vor allem aus ihrem Gegenteil zu begreifen ist. Demokratie ist Nicht-Tyrannei; nicht die Tyrannei eines einzelnen, nicht die einer Minderheit, aber auch nicht die der Mehrheit. Die Notwendigkeit, Demokratie vor der Tyrannei eines einzelnen oder einer Minderheit abzugrenzen, braucht keine weitere Begründung. Damit Demokratie aber nicht einfach als Mehrheitsherrschaft (als Tyrannei der Mehrheit) zu verstehen ist, setzt notwendige Begrenzungen der Macht jeder Mehrheit voraus – Grenzen in Form der „checks and balances", wie sie für Dahls „Madisonian Democracy" zentral ist; Grenzen der Mehrheitsherrschaft durch die Verteilung der Macht auf eine größere Zahl von Institutionen und Personen – wie in Dahls „Polyarchal Democracy" (Dahl 1956, S. 4–33, 63–89).

Dass Demokratie auch und wesentlich ein System nicht nur der Verteilung, sondern auch der Begrenzung von Macht ist, diese explizit formulierte Position verträgt sich nicht nur mit Lazarsfeld, sie wird auch durch Lazarsfelds Wahlstudien bestätigt: Jeder Wahlausgang ist eine mögliche Verschiebung von Mehrheits- und damit Machtverhältnissen. Was heute Mehrheit ist, was Mehrheitsmeinung noch am Beginn eines Wahlkampfes gewesen sein mag, kann morgen schon einer anderen Mehrheit Platz machen. Dahl bezieht sich in seinem Kapitel zur „Polyarchal Democracy" auch auf Berelsons, Lazarsfelds und McPhees „Voting" – auf den dort aufgezeigten Zusammenhang zwischen politischem Interesse, Wahlverhalten und gesellschaftlichen Strukturen (Dahl 1956, S. 81).

Durch diese und andere komplexe Verflechtungen, die von der empirischen Wahlforschung aufgezeigt werden, wird klar: Lazarsfeld kann nicht auf das Quantifizieren von politischem Verhalten reduziert werden. Die Resultate seiner Wahlforschung beleuchten den Einfluss gesellschaftlicher Verhältnisse auf politische Prozesse. Eine Demokratietheorie, die mehr sein will als ein scholastischer Diskurs, mehr auch als die Aneinanderreihung von Glaubenssätzen, braucht Einsichten in die Wirklichkeit; Einsichten, wie sie Lazarsfeld und die von ihm initiierte empirische Wahlforschung liefern.

Der dieser Wahlforschung immanente Relativismus ist vor allem als Antithese zu jeder Art von Fundamentalismus zu sehen. Wenn mobiles Wahlverhalten darüber entscheidet, wer regiert; wenn eine Regierung (im US-Verständnis „government" – damit sind immer sowohl Exekutive als auch Legislative gemeint) durch den „Swing" eines relativ kleinen Anteils der Wahlberechtigten gewählt oder gestürzt werden kann: Dann geht es in der Demokratie à la Kelsen, à la Schumpeter, à la Fraenkel, à la Downs und damit auch à la Lazarsfeld nicht um die Entscheidung zwischen Licht und Dunkel. Lazarsfelds Wahlforschung ist Demokratieforschung – und deren Resultate entziehen jedem manichäischen Gesellschafts- und Politikbild die Grundlage.

Kelsen argumentierte, dass der Relativismus der Demokratie immanent und deshalb eine demokratische Grundtugend ist. Schumpeter unterstrich die Analogie zwischen dem Wettbewerbsmechanismus der Marktwirtschaft und dem der pluralistischen Demokratie. Fraenkel zerstörte die Vorstellung von einem objektiv vorhandenen, grundsätzlich für alle einsichtigen Gemeinwohl. Downs beschrieb, wie in der Demokratie sich das Verhalten der Regierenden den Interessen der Regierten unterordnet – im Eigeninteresse der Regierenden. Und Dahls Definition der „Madisonian Democracy" als Nicht-Tyrannei ist eine Absage an die Illusion perfekter Demokratie.

Alle diese demokratietheoretischen Aussagen werden nicht explizit von Lazarsfeld geteilt. Aber die Erkenntnisse, die aus seiner Forschung zu gewinnen sind, unterstützen Kelsens Relativismus, Schumpeters politischen Konkurrenzmechanismus, Fraenkels „Gemeinwohl a posteriori", und Downs' Aussage über

7.2 Lazarsfeld und die Theorie der Demokratie

die in der Demokratie angelegte Anpassungsneigung der Regierenden gegenüber den Präferenzen der Regierten. Lazarsfelds Forschungsergebnisse sind aber deshalb keinesfalls kompatibel mit einer offen oder versteckt fundamentalistischen Vorstellungen von einer Demokratie, die nur dann eine „wahre" ist, wenn sie bestimmte vorgegebene Glaubenssätze bestätigt. Die empirische Wahlforschung, wie in „The People's Choice" und in „Voting" manifest, zersetzt jeden Fundamentalismus und damit die Antithese zur Demokratie. In diesem Sinn ist Lazarsfeld ein Theoretiker der Demokratie: Die auch und vor allem von Paul Lazarsfeld entwickelte empirische Wahlforschung liefert den Unterbau der postklassischen, der realistischen Demokratietheorie des 20.Jahrhunderts.

Dennoch: Die Begrenztheit der Demokratietheorien Kelsens und Schumpeters, Downs' und Fraenkels wird von Robert Dahl in „Democracy and Its Critics" aufgezeigt (Dahl 1989). Dahl widerspricht in keiner Weise dem formalen und methodischen Zugang dieser Theorien. Die Ergebnisoffenheit des demokratischen Prozesses, die notwendige Vielfalt der Meinungen und die Gegenläufigkeit der Interessen sind für Dahl wesentliche Voraussetzungen für Demokratie. Und damit widerspricht Dahl auch nicht Lazarsfelds impliziter Demokratievorstellung. Dahl verweist aber auf einen Aspekt, der bei den impliziten und expliziten Vertretern eines methodischen Demokratieverständnisses vernachlässigt wird: die Frage nach Inklusion und Exklusion. Wer ist Teil des Volkes, Teil des demokratischen Souveräns? Wer wird eingeschlossen – und wer bleibt ausgeschlossen? Wer ist berechtigt, sich an Wahlen zu beteiligen – und wer nicht? Und: Wer muss in der politischen Realität besondere Hürden übersteigen, um wählen oder gewählt werden zu können; wer muss bestimmte Hindernisse überwinden, die sich anderen nicht entgegenstellen?

Dahl formulierte in seinem 1989 veröffentlichen Buch das Konzept von „Citizenship", das Ein- und Ausgrenzung zur zentralen Frage von Demokratie macht und „das Volk" als maximale Inklusion aller definiert: Alle Menschen, die in einem bestimmten Territorium leben und den dort geltenden Normen unterworfen sind, müssen Teil des demokratischen Souveräns sein, des „Demos" (Dahl 1989, S. 124). Alle erwachsenen Personen, die nicht nur vorübergehend einer Gemeinschaft angehören, müssen daher das Recht besitzen, sich am demokratischen Prozess zu beteiligen: unabhängig von Geschlecht oder religiösem Bekenntnis oder ethnischer Herkunft oder „Rasse" (Dahl 1989, S. 129). Mit anderen Worten: Abgesehen von der Notwendigkeit, ein Mindestalter festzulegen, darf in der Demokratie keine Person von der (Staats-)Bürgerschaft und damit vom Wahlrecht ausgeschlossen werden. Demokratie bedeutet maximale Inklusion.

Mit diesem „Categorical Principle" wendete sich Dahl auch explizit gegen Schumpeter, dessen Verständnis von Demokratie es zulässt, dass ein Teil der

Gesellschaft sich mit dem „Volk" gleichsetzt und andere von der politischen Mitbestimmung ausschließt. Der Wettbewerb um Wählerstimmen innerhalb eines exklusiven Teils der Gesellschaft ist nicht Demokratie. Deshalb, so Dahls inklusives Verständnis, war die attische Polis ebenso wenig Demokratie wie die Republik Venedig oder das südafrikanische Apartheidregime, trotz ergebnisoffener Wahlvorgänge. Und auch die USA entsprachen zur Zeit der Sklaverei und vor Einführung des Frauenstimmrechtes Dahls inklusivem Demokratiestandard nicht.

Dahl akzeptierte die von Schumpeter und Downs explizit und von Lazarsfeld implizit mit Demokratie verbundenen Mechanismen. Dahl verwarf nicht den politischen Marktmechanismus als unverzichtbares Qualitätsmerkmal der Demokratie. Aber er ergänzte die Sichtweise von Schumpeter und Downs und damit – indirekt – auch die von Lazarsfeld. Die Freiheit und die Fairness der Wahl sind für die Demokratie unverzichtbar – für Schumpeter, Downs, Lazarsfeld und auch für Dahl. Demokratie verlangt aber ebenso die maximale Inklusion aller Betroffenen.

Einem solchen alle Betroffenen einschließenden Zugang zur Demokratie widersprachen weder Schumpeter noch Downs, auch nicht Kelsen oder Fraenkel. Und in Lazarsfelds Forschungen findet sich ebenso wenig etwas, was einer maximalen Inklusion entgegenstehen würde. Aber gerade in der politischen Wirklichkeit der USA in den 1940er, 1950er und 1960er Jahren war der faktische Ausschluss von afroamerikanischen Frauen und Männern in weiten Teilen der USA eine unübersehbare Realität. Diese de facto Diskriminierung („Jim Crow"), deren rechtliche Grundlage erst durch die Bürgerrechtsgesetzgebung in den 1960er Jahren beseitigt wurde, mag in Erie County, Ohio 1940 und Elmira, New York 1948 keine Rolle gespielt haben. Ohio und New York sind ja Staaten des Nordens. Aber dass in den Südstaaten zur selben Zeit Menschen wegen ihrer Hautfarbe, wegen ihrer „Rasse" der Zugang zur Wahl verwehrt wurde, das war natürlich Schumpeter und Downs ebenso bekannt wie Lazarsfeld (Holloway 2021, S. 53–72).

Die Weiterentwicklung der Demokratietheorie von Schumpeter und Downs zu Dahls Betonung maximaler Inklusivität demonstrierte, dass das Verständnis von Demokratie nicht einfach an einem Punkt Omega anlangt und dann stehen bleibt. Die Sensibilität, die Exklusion eines Teiles der Bevölkerung als ein zentrales, letztlich nicht akzeptables Demokratiedefizit zu sehen, war Mitte des 20. Jahrhunderts offensichtlich noch nicht weit genug entwickelt. Das muss auch der impliziten Demokratietheorie Lazarsfelds entgegengehalten werden.

Unbeschadet dieses kritischen Einwandes: Lazarsfelds implizites Verständnis von Demokratie, das mit dem expliziten Demokratieverständnis von Kelsen und Schumpeter, Downs und Fraenkel problemlos zu vereinbaren ist, grenzt sich

7.2 Lazarsfeld und die Theorie der Demokratie

von jedem fundamentalistischen Missbrauch des Demokratiebegriffes ab. Othmar Spanns „Wahrer Staat" und Ignaz Seipels „Wahre Demokratie" (Pelinka 2017, S. 251) sind mit einem ergebnisoffenen Verständnis von Demokratie nicht zu vereinbaren. Lazarsfelds implizite Demokratietheorie baut auf einer solchen Offenheit – dem Wissenschaftsverständnis Karl Poppers ähnlich.

Popper, 1902 in Wien geboren, war anders als Lazarsfeld in jungen Jahren vom Marxismus nicht fasziniert. „Mit siebzehn Jahren war ich Anti-Marxist. Ich begriff den dogmatischen Charakter des Marxismus..." (Popper1979, S. 42) Der junge Lazarsfeld verstand sich zwar zunächst als Marxist, aber vor einer dogmatischen Versuchung hatte ihn seine Neigung zur Empirie jedenfalls schon in Marienthal bewahrt. Und die Erfahrungen, die Lazarsfeld mit der US-amerikanischen Demokratie machen konnte, hatten ihn Popper, dem Autor von „The Open Society and Its Enemies", wohl auch näher gebracht (Popper 1945). Die amerikanische Demokratie, die Lazarsfeld erlebte, war offen – offen auch für eine Zukunft, in der Demokratie-Defizite allmählich abgebaut werden können. Die Empirie bestimmte Lazarsfelds Sicht der Demokratie als unverzichtbarer Teil einer offenen Gesellschaft.

Der Marxismus-Leninismus ging in Theorie und Praxis einen anderen Weg als den, der von Lazarsfeld beschrieben und analysiert wurde. Die „Diktatur des Proletariats" nahm keine Rücksicht auf die realen, durch empirische Forschung darstellbaren Interessen und Meinungen. Empirische Politikforschung war in der UdSSR und in den „Volksdemokratien" Osteuropas nicht erlaubt. Der Marxismus-Leninismus setzte auf eine Glaubensentscheidung: Man war entweder für die abstrakt definierten Interessen einer ebenso abstrakt definierten Arbeiterklasse – oder gegen diese. Man war für die selbst ernannte „Avantgarde" des Proletariats – oder gegen sie. Befunde über Resignation und Apathie der Arbeiterklasse, wie in Marienthal erhoben, oder auch Analysen des nur zu oft gegensätzlichen politischen Verhaltens von Arbeiterinnen und Arbeitern, das alles musste für die an den Marxismus-Leninismus Glaubenden ausgeblendet bleiben. Das Interesse des Proletariats war vorgegeben – von einer nicht abwählbaren Elite. Das war der Anfang des Weges in den Totalitarismus.

Jeder Fundamentalismus – insbesondere auch der religiös begründete – folgt dem gleichen Denkansatz: Die Unterscheidung in Gläubige und Ungläubige erlaubt keinen Zwischenraum. Unbeschadet dessen, dass Religion in Erie County 1940 ein wichtiger Bestimmungsfaktor war, war Religion in Erie County nicht gleichzusetzen mit einer geschlossenen Subgesellschaft. Religion beeinflusste das Wahlverhalten – immer in Konkurrenz zu anderen Faktoren. Die Geschichte des Christentums wie auch die des Islam zeigen aber, dass in den Augen religiöser Fundamentalisten für Ungläubige letztlich nur ewige Verdammnis bleibt. Das

Festhalten an einer absoluten Wahrheit begründet die Gemeinsamkeit zwischen religiösem Fundamentalismus und dem Marxismus-Leninismus. Lazarsfelds Forschungen standen in doppeltem Widerspruch zu solchen Fundamentalismen. Der Lazarsfeld von Erie County und auch schon der von Marienthal unterschied nicht zwischen „gut" und böse". Lazarsfelds Forschungen machten deutlich, welche Konsequenzen gesellschaftliche Sachverhalte haben – ohne dass Lazarsfeld die Sachverhalte von vornherein bewertet hätte. Wenn er zwischen dem Verhalten der „Ungebrochenen" und der „Apathischen" in Marienthal unterschied, maßte er sich kein Urteil an. Er zeigte soziale Verhältnisse und deren Ursachen auf. Wenn er feststellte, dass „Cross Pressures" in Erie County signifikant häufiger zur Wahlabstinenz führten, war mit dieser Feststellung keine ethische Bewertung über Beteiligung oder Nicht-Beteiligung an einer Wahl verbunden.

Aber „wertfrei" war Lazarsfelds Demokratieforschung dennoch nicht. Sie war distanziert, sie konnte „überparteilich" genannt werden, geprägt von einem prinzipiellen Respekt vor dem politischen Pluralismus. In seinen Erhebungen in Erie County und in Elmira war nicht erkennbar, welchen der zur Auswahl stehenden Präsidentschaftskandidaten, welche der beiden Parteien er persönlich bevorzugte. Aber in seinen Forschungen nahmen er den Wahlprozess ernst, und damit wurde das Resultat dieses Prozesses ernst genommen. Lazarsfeld machte deutlich, dass die freie Entscheidung von Wählerinnen und Wählern ein prinzipieller Wert ist; dass es wertvoll ist, sich frei zwischen Demokraten und Republikanern entscheiden zu können. Indem Lazarsfeld diese Freiheit ernst nahm, nahm er den demokratischen Wettbewerb ernst. Und damit verbunden war – indirekt, aber klar erkennbar – eine positive Bewertung der pluralistischen, der „liberalen" Demokratie.

Der Austromarxismus, den der junge Lazarsfeld in seiner primären Sozialisation gleichsam eingeatmet hatte, bestand aus zwei Teilen: aus einem latent deterministischen Teil, dem Marxismus, der im Ablauf der Geschichte ein ehernes Entwicklungsgesetz zu erkennen glaubte; und aus einem Teil, der die individuelle Freiheit jeder Person akzeptierte – als Wesensmerkmal der Demokratie. Die gab nicht vor, zu wissen, was für „die Menschen" a priori gut wäre; sie ging davon aus, dass es gut wäre, „die Menschen" das für sie Gute selbst bestimmen zu lassen. Im jungen Lazarsfeld war das Interesse an beiden Elementen des Austromarxismus erkennbar. Im Lazarsfeld von New York war das marxistische Element auf Restspuren reduziert – auf die Vorstellung, dass Zusammenhänge zwischen Sein und Bewusstsein existieren und zu erforschen sind. Aber entscheidend war für den Amerikaner Lazarsfeld das demokratische Element.

Anders als Kelsen beschäftigte sich Lazarsfeld nicht explizit mit dem „Wesen und Wert der Demokratie". Sein Beitrag zur Demokratietheorie war implizit,

7.2 Lazarsfeld und die Theorie der Demokratie

indem er die Mechanismen des demokratischen Prozesses mit einer bis dahin nicht gekannten Präzision nachzeichnete. In seiner kritischen Auseinandersetzung mit Theodor Adorno, Max Horkheimer und der „Frankfurter Schule" – nach deren Rückkehr nach (West) Deutschland – machte Lazarsfeld seine Wertschätzung für die Demokratie „westlichen" Zuschnitts deutlich: Er verteidigte die real existierende Demokratie, die nach 1945 sich in Westeuropa hatte etablieren können, gegen Adornos und Horkheimers Geringschätzung dieser Demokratie. Adorno, so Lazarsfeld, hätte sich in den 1950er und 1960er Jahren „auf eine endlose Reihe von Aufsätzen ein(gelassen), die das Thema Theorie und empirische Forschung behandelten. Diese wurden immer schärfer und die Schmähungen nahmen zu. Dumm, blind, gefühllos, steril wurden homerische Attribute, wann immer der Empiriker erwähnt wurde." (Lazarsfeld 1973, S. 113) Adorno plädierte für die Überwindung der real existierenden Demokratie – aber was sollte an deren Stelle treten? Lazarsfeld sah in der unvollkommenen Demokratie seiner Zeit etwas, was sich zu verteidigen lohnte.

Während Lazarsfeld die Arbeiten Adornos in den USA geschätzt hatte, als Adorno sich auch in der empirischen Sozialforschung betätigte (Adorno 1950), sah Lazarsfeld die „Frankfurter Schule" und deren „Kritische Theorie" als ein fundamentalistisches Glaubensbekenntnis. Die wachsende Distanz zwischen Adorno und der real existierenden Demokratie konnte Lazarsfeld nicht nachvollziehen. Ihn störte auch die Selbstgettoisierung einer Sprache, die liturgischen Charakter angenommen hatte. Zu Adornos Arbeit „Zur gesellschaftlichen Lage der Musik" schrieb Lazarsfeld: „Es ist unmöglich, den Stil des Deutschen zu übersetzen, in dem dieser und alle folgenden Aufsätze von Adorno geschrieben sind. Die Länge der Sätze, der Rhythmus der Worte, die Aneinanderreihung der Hauptworte – die oft mit einer leicht veränderten Bedeutung wiederholt werden – üben hypnotische Wirkung auf den Leser aus, die gewiss etwas von der Anziehungskraft erklären kann, die seine Veröffentlichungen heute für viele junge deutsche Studenten haben." (Lazarsfeld 1973, S. 108).

Lazarsfelds Veröffentlichungen sollten nie eine hypnotische Wirkung haben, sie sollten immer Nachdenklichkeit provozieren. Das war in der nüchternen Sprache der Marienthal Studie deutlich – und in der ebenso klaren Diktion von „The People's Choice". In seiner Abgrenzung von einer Wissenschaft, die bewusst auf eine Mobilisierung von Gefühlen setzte und eine „hypnotische Wirkung" in Kauf nahm, zeigte sich Lazarsfeld als Fortschrittsoptimist, der von der langfristigen Überzeugungskraft nachvollziehbarer Argumente ausging. In diesem Sinne waren Lazarsfelds Arbeiten – und zwar auch die schon in seiner Wiener Zeit verfassten, allen voran die Marienthal Studie – ein Plädoyer für einen rationalen Diskurs und damit für eine liberale Demokratie.

Lazarsfelds Demokratietheorie war nicht explizit – anders als die von Kelsen, Schumpeter, Downs, Fraenkel oder Dahl. Lazarsfeld grenzte die Demokratie ein, indem er ausschloss, was Demokratie nicht war und nicht ist: Demokratie leugnet nicht die Vielfalt von Interessen; Demokratie erlaubt nicht das Verächtlichmachen anderer Meinungen; Demokratie gestattet nicht das Unterbinden freier und fairer Wahlprozesse. Lazarsfelds Vorstellung von Demokratie setzt voraus, dass Vielfalt und Freiheit nicht als „repressive Toleranz" denunziert werden. Ohne Vielfalt und Freiheit gibt es keine Demokratie.

7.3 Lazarsfelds globale Rolle

Lazarsfeld erhielt in den Jahren, in denen er mit empirischer Sozialforschung und mit dem Sociology Department der Columbia University identifiziert wurde, eine Art Definitionsmacht über das, was Soziologie global ausmacht. Ausdruck dieser weltweiten Bedeutung war Lazarsfelds 1970 veröffentlichtes Buch „Soziologie. Hauptströmungen der sozialwissenschaftlichen Forschung", das von der UNESCO herausgegeben wurde. (Lazarsfeld 1973) Was unter Soziologie zu verstehen und was „State of the Art" dieser Disziplin war, darüber sollte Lazarsfeld urteilen. Dieser dominanten Rolle Lazarsfelds entsprach auch, dass er in den letzten Jahren seines Lebens als Betreiber eines „multinationalen Wissenschaftskonzerns" gesehen wurde, dessen Forschungen vor allem in ihrer methodischen Dimension Weltgeltung beanspruchen konnten (Pollak 2008).

Die Soziologie ist in ständiger Bewegung: Das war Lazarsfelds Botschaft. Und dafür zog er auch den Verglich mit anderen Disziplinen heran. „Wirtschaftswissenschaften und Psychologie haben ihren Themenbereich verändert und ihre Methoden verfeinert, aber der Kern ihrer Probleme bleibt nach wie vor der gleiche. Aber es besteht wenig Ähnlichkeit zwischen dem, was die Soziologie vor fünfzig Jahren war, und dem, was sie heute ist; was sie nach einigen weiteren Jahrzehnten sein wird, kann man nur ungefähr erkennen." (Lazarsfeld 1973, S. 11) Lazarsfeld selbst hatte Wesentliches zu dieser Veränderungsdynamik der Soziologie beigetragen – von Marienthal über Erie County und darüber hinaus.

Lazarsfelds globale Rolle wurde von ihm als US-Amerikaner ausgefüllt. Seine europäischen Wurzeln hatten zwar Bedeutung für die Entwicklung seines Wissenschaftsverständnisses. Doch für seine Weltgeltung nach 1945 waren seine Position an der Columbia University und seine Rolle in der US-amerikanischen Soziologie entscheidend. Das Europäische an Lazarsfeld war Insidern bekannt, er selbst aber betonte es selten: Er galt als amerikanischer Repräsentant einer in

7.3 Lazarsfelds globale Rolle

den USA entwickelten Sozialforschung, deren politische Dimension – die Analyse des Wahlverhaltens – auch als „typisch amerikanisch" gesehen und oft auch mit kritischem Unterton als „bloß quantitativ" eingestuft wurde. Die inhaltliche Dimension dieser Forschung – die durch quantitative Methoden gewonnene Einsicht in die Zusammenhänge von gesellschaftlicher Schichtung und politischem Verhalten – wurde oft unterschätzt. Unterschätzt wurde damit, dass die empirische Wahlforschung ein zentraler Beitrag zur Demokratieforschung ist und ihre Erkenntnisse auch Aussagen über die normative Qualität der Demokratie beinhalten (Diederich 1965, S. 8–15).

An eine dauerhafte Rückkehr nach Wien oder auch an eine über zeitlich begrenzte Gastprofessuren hinausgehende Tätigkeit an einer europäischen Universität dachte Lazarsfeld ganz offensichtlich nicht. Eine „Heimkehr" nach Wien war von ihm nicht beabsichtigt und von österreichischer Seite auch gar nicht ins Auge gefasst. So blieb ihm die Erfahrung erspart, die der 1903 geborene Adolf Sturmthal machen musste. Wie Lazarsfeld war Sturmthal in jungen Jahren innerhalb der Sozialdemokratischen Arbeiterpartei in Österreich aktiv gewesen, und nach seiner Flucht vor dem NS-Regime hatte er wie Lazarsfeld eine akademische Karriere in den USA begonnen. Er wurde schließlich „Professor of Labor and Industrial Relations" an der University of Illinois.

Als Sturmthal schon bald nach 1945 Wien besuchte, trat er in Kontakt mit der Parteiführung der Sozialdemokratischen Partei, der SPÖ. Deren Vorsitzender Adolf Schärf – der Vizekanzler der Koalitionsregierung – zeigte sich im Gespräch mit Sturmthal zurückhaltend. Es war deutlich, dass die Partei der Rückkehr von Sozialisten aus dem Exil – die meisten waren jüdischer Herkunft – mit einer gewissen Reserve gegenüberstand. Einige waren willkommen, andere nicht. Sturmthal fühlte sich jedenfalls nicht willkommen – und setzte seine akademische Karriere in den USA fort (Sturmthal 1989, S. 175–179).

Eine Einflussnahme auf das 1945 von den Alliierten befreite und nun wieder demokratische Österreich und dessen Wissenschaftsbetrieb gelang Lazarsfeld in Form der Gründung des Instituts für Höhere Studien (IHS) in Wien. Lazarsfeld hatte im Auftrag der Ford Foundation einen Bericht über die intellektuelle Lage und wissenschaftlichen Potentiale in Europa verfasst. Er war als „Talentsucher" unterwegs gewesen. Sein um 1960 verfasster Bericht stellte Österreich ein besonders schlechtes Zeugnis aus. Er schrieb von einer „ziemlich desperaten intellektuellen Situation" in diesem Lande, die er auf die politischen Säuberungen 1934 (durch den autoritären Ständestaat) und 1938 (durch den Nationalsozialismus) zurückführte. Jetzt war einen „brain drain" von Österreich in

Richtung Westdeutschland zu beobachten, und die anscheinend permanente regierende Koalition aus Konservativen und Sozialdemokraten offerierte unabhängig Denkenden wenig Entwicklungsmöglichkeit.

Lazarsfelds kritische Bilanz mündete in einer Empfehlung: Die Schaffung eines wissenschaftlichen Ausbildungs- und Forschungszentrums sollte neue Perspektiven eröffnen. Lazarsfeld dachte an ein „Post Graduate" Institut für Sozial- und Wirtschaftswissenschaften – nicht gegen die bestehenden universitären Einrichtungen, sondern in Zusammenarbeit mit diesen; eine Zusammenarbeit, die auch die Unterstützung durch die Koalitionsregierung voraussetzte. Nur so könnte der vor allem an den Universitäten vorhandene Widerstand gegen die „Amerikanisierung" der wissenschaftlichen Forschung überwunden werden. Und Lazarsfeld vermerkte das erstaunliche Phänomen, dass es schwierig war, die Autoritäten eines kleinen Landes zur Annahme einer Unterstützung in der Höhe von einer Million Dollar für die Förderung des wissenschaftlichen Nachwuchses zu akzeptieren. Gemeint war die von Lazarsfeld vorgeschlagene finanzielle Förderung des zu gründenden Instituts durch die Ford Foundation (Marin 1978, S. 42–48).

1964 wurde das IHS gegründet – bestehend aus den Abteilungen Wirtschaftswissenschaften, Soziologie, Politikwissenschaft. Lazarsfelds Handschrift war in den curricula der Studiengänge für Postgraduierte erkennbar: Zentral für alle Abteilungen war eine fundierte Ausbildung in Mathematik und Statistik. Und Lazarsfeld war es auch gelungen, die finanzielle Starthilfe der Ford-Stiftung zu sichern – und die Kooperation der österreichischen Regierung. Dass bei den Verhandlungen ein führender Vertreter auf österreichischer Seite Bruno Kreisky war (zu dieser Zeit Außenminister der „Großen Koalition"), der Lazarsfelds Rolle im Austromarxismus der 1920er Jahre in Erinnerung hatte, mag auch eine Rolle gespielt haben. So konnten die Vorbehalte überwunden werden, die im Verhalten der universitären und politischen Autoritäten gegenüber der von der Ford Foundation in Aussicht gestellten Starthilfe erkennbar waren.

Wem „gehört" Paul Lazarsfeld? 8

Paul Lazarsfelds wissenschaftliches Leben wird am besten mit dem Begriff „Grenzüberschreitung" beschrieben. Was kümmerten Lazarsfeld ein- und ausschließende Etikettierungen? Er hatte an der Universität Wien in Mathematik promoviert. Mathematik, das war ein methodisches Instrument, das er in seiner gesamten wissenschaftlichen Karriere zu nützen verstand, als er sich zum Psychologen und dann zum Soziologen entwickelte. „Marienthal" wies ihn als Grenzgänger zwischen Psychologie und Soziologie aus. Und „The People's Choice" machte ihn zu einem Vorreiter der empirischen Wahlforschung, die von der Soziologie und auch von der Politikwissenschaft in Anspruch genommen wird.

Das Institut für Höhere Studien als eine den Sozialwissenschaften in ihrer Gesamtheit verpflichtete Institution reflektiert Lazarsfelds wissenschaftliches Verständnis. Es macht zwar für die Organisation eines universitären Studienbetriebes Sinn, curricula zu entwickeln, die zwischen „Soziologie", „Wirtschaftswissenschaften" und „Politikwissenschaft" unterscheiden. Es macht aber überhaupt keinen Sinn, zwischen diese so etikettierten Fächer Grenzen zu ziehen, die ein Überschreiten erschweren oder verhindern sollen. Lazarsfeld war Psychologe und Soziologe und wohl auch Politikwissenschaftler. Das Überschreiten einer Grenze bedeutete für ihn nicht, dass er aufgehört hätte, sich immer auf beiden Seiten solcher disziplinärer Grenzen zu betätigen. Er war für Sozialwissenschaften in deren Gesamtheit zuständig.

Auch wenn er – während seiner Zeit an der Columbia University und seiner nach 1945 weltweit wachsenden Reputation – in erster Linie zu Recht als Soziologe wahrgenommen wurde, hat Lazarsfeld immer auf die ihn prägende Bedeutung von Psychologie und Sozialpsychologie hingewiesen. Dass die mit seinem Namen verbundene Wahlforschung auch zum „Besitzstand" der Politikwissenschaft zählt, widerspricht dem überhaupt nicht. Lazarsfelds Interesse galt der Gesellschaft. Er war Sozialforscher – jenseits aller Etikettierungen.

8.1 Zwischen den Disziplinen: Psychologie, Soziologie und Politikwissenschaft

Das 1970 im Auftrag der UNESCO von Lazarsfeld veröffentlichte Buch (Lazarsfeld 1973) demonstrierte, dass Lazarsfeld ein, wenn nicht der Repräsentant des um die Mitte des 20.Jahrhunderts weltweit etablierten Faches Soziologie war. Schon das von Lazarsfeld 1967 herausgegebene Buch „The Uses of Sociology", in dem weltweit renommierte Soziologinnen und Soziologen in ihren Beiträgen den Entwicklungsstand der Soziologie beschrieben (Lazarsfeld et al. 1967), hatte Lazarsfelds Definitionsmacht deutlich gemacht. Dadurch wurde unterstrichen, dass er im US-amerikanischen und im globalen Wissenschaftsbetrieb als eine der Autoritäten, ja als die Autorität gesehen wurde, die bestimmte, was unter Soziologie zu verstehen war. Der Absolvent des Studiums der Mathematik und Mitarbeiter des Wiener Instituts für Psychologie hatte in den USA eine weltweit ausstrahlende Karriere gemacht – als Soziologe.

Und doch wurde in Lazarsfelds Definition dessen, was Soziologie ausmacht, deren unvermeidlichen Grenzüberschreitungen deutlich. Lazarsfeld schrieb über die „Starrheit akademischer Strukturen", die der Entwicklung der Soziologie entgegenstehen. Die Soziologie hatte von Seiten der traditionellen Universitätsdisziplinen mit einem von Missverständnissen genährter Widerstand zu rechnen. Lazarsfeld führte für diesen Widerstand vor allem europäische Beispiele an. Und er thematisierte auch die „politische Verwundbarkeit" der Soziologie (Lazarsfeld 1973, S. 140–142, 144 f.).

Der Soziologie schlug oft ein vom akademischen Establishment ausgehendes Misstrauen entgegen. Diese gelegentlich auch die Züge latenter Feindseligkeit aufweisende Reserviertheit war Lazarsfeld bewusst. Der Hintergrund war die der soziologischen Forschung immanente Tendenz, das herrschende Wissen über gesellschaftliche und politische Zusammenhänge zu hinterfragen, zu de-konstruieren und als Scheinwissen zu entlarven. Diese gegen die Soziologie speziell, gegen sozialwissenschaftliche Forschung generell gerichtete Abwehr ist eigentlich als Auszeichnung zu werten – als Bestätigung dafür, dass die Soziologie ihrer Aufgabe gerecht wird.

Das immer wieder erkennbare Misstrauen der mit dem Status quo verbundenen Interessen war und ist in allen gesellschaftlichen Teilbereichen und in allen politischen Systemen zu beobachten: In den politischen Systemen sowjetischen Typs sahen sich die marxistisch-leninistischen Eliten durch eine von direkter Regierungskontrolle freien sozialwissenschaftlichen Forschung ebenso bedroht wie Repräsentanten des militärisch-industriellen Komplexes in den USA, die Fragen nach der Verbindung ökonomischer Interessen und rüstungspolitischer Entscheidungen als fremd gesteuerte Destabilisierungsversuche interpretierten. Die Frage, ob Familienstrukturen und Normierungen sexuellen Verhaltens naturgegeben wären oder Ausdruck einer sich wandelnden kulturellen Entwicklung, musste von den Vertretern jeder religiösen Orthodoxie als feindselig empfunden werden. Und eine sozialwissenschaftlich begründete Feststellung, dass nationale Identitäten historisch wandelbar sind, war für die Verteidiger nationaler Unverwechselbarkeit ein Angriff auf die Ideologie, die sie zur eigenen Legitimierung benötigten.

Mit solchen Widerständen muss jede sozialwissenschaftliche Forschung und erst recht deren Verbreitung in Form akademischer Lehre rechnen – ob sie als Sozialpsychologie, als Soziologie oder als Politikwissenschaft, als Politische Soziologie oder als Kommunikations- und Medienwissenschaft firmiert. Religionssoziologie wird sich dem Verdacht der Subversion ebenso wenig entziehen können wie die Rechtssoziologie oder eine sich sozialwissenschaftlich verstehende Anthropologie. Die für alle Sozialwissenschaften zentrale Frage nach den Begründungszusammenhängen bestehender Verhältnisse stiftet per se Unruhe. Das macht sozialwissenschaftliches Denken unvermeidlich „kritisch".

Lazarsfeld grenzte sich aber gerade deshalb von sozialwissenschaftlichen „Schulen" ab, die sich a priori als „kritisch" bezeichneten. Am Beispiel seiner Auseinandersetzung mit Theodor Adorno, Max Horkheimer und der von diesen vertretenen „Kritischen Theorie" wurde dies deutlich. Lazarsfeld teilte die Position Ralf Dahrendorfs: Theorie sei „für Adorno, wenigstens in ihrem Kern, eine ewige Wahrheit." (Lazarsfeld 1973, S. 115) Wenn es um ewige Wahrheiten ging, waren für Lazarsfeld die Sozialwissenschaften aber nicht zuständig. Wenn bestimmte Traditionen des Wissenschaftsbetriebes ewige Wahrheiten zu vertreten vorgaben und sich deshalb „kritisch" nannten, verzichten sie gerade dadurch auf ihr kritisches Potential. Das Kritische an der sozialwissenschaftlichen Forschung war und ist, dass sie immer und immer wieder vermeintliches Wissen in Frage stellt; und nicht, dass sie „Kritik" als generelles Firmenschild vor sich herträgt.

Mit seiner expliziten Kritik an der „Kritischen Soziologie" – eine Kritik, die sich implizit ebenso auf die „Kritische Politikwissenschaft" bezieht (Tudyka 1973) – beteiligte sich Lazarsfeld an der Theoriedebatte der Sozialwissenschaften der 1960er und 1970er Jahre. Sein Beitrag war ein Plädoyer für die empirisch fundierte Auflösung von Scheinwissen, das sich als Wissen ausgibt. Und deshalb ist es ganz einfach falsch, in Lazarsfeld den theorieabstinenten „Nur- Empiriker" zu sehen.

Lazarsfelds Forschungen in Marienthal und in Erie County nützten methodische Innovationen. Deshalb lässt sich eine Zuordnung Lazarsfeld nur zu einer der sozialwissenschaftlichen Disziplinen nicht vornehmen. Es ist die Methodenvielfalt von Marienthal – vor allem die „Teilnehmende Beobachtung" und die Verbindung von quantitativen und qualitativen Methoden; und es sind die Methoden von Erie County – die Panel-Technik und die Rückführung des Wahlverhaltens auf einander überkreuzende Determinanten, die den Soziologen der Columbia University nicht nur als Soziologen, die ihn als Sozialwissenschaftler schlechthin ausweisen.

In einem Handbuch der Politikwissenschaft aus dem Jahr 1998 ist Lazarsfeld auf insgesamt 11 Seiten erwähnt. Im Zusammenhang mit „World War II and the post-war behavioral revolution" wird ihm eine entscheidende Rolle in der Entwicklungsgeschichte der Politikwissenschaft zugeschrieben (Goodin und Klingemann 1998, S. 68–76). Die Politikwissenschaft nahm und nimmt Lazarsfeld für sich in Anspruch – gerade mit Bezug auf die von ihm entwickelten Methoden, die freilich allen Sozialwissenschaften gemeinsam sind; Methoden, die sozialwissenschaftliche Disziplinen nicht trennen, sondern verbinden. Janet Buttolph Johnson und Richard Joslyn unterstreichen in ihrem Buch „Political Science Research Methods" Lazarsfelds Pionierrolle – für die Politikwissenschaft (Johnson und Joslyn 1986, S. 25). Der Österreicher, der Mathematik studiert hatte und von der Individualpsychologie geprägt war, der in den USA zu den bedeutendsten Soziologen gezählt wurde – gerade im Bereich der sozialwissenschaftlichen Methodologie war er auch einer der Begründer der Politikwissenschaft seines Jahrhunderts.

Lazarsfeld selbst war offenbar unsicher, ob und welche Grenzen zwischen Soziologie und Politikwissenschaft zu ziehen wären. In seinen Erinnerungen erwähnt er, dass „around 1939 or 1940" Carl J. Friedrich – Professor of Government an der Harvard University – eine deskriptive Analyse der US-Verfassungsorgane in einer von Lazarsfeld kontrollierten Publikationsreihe veröffentlichen wollte. Obwohl Lazarsfeld in Friedrichs Arbeit „a very fine example of institutional analysis…providing significant factual information" sah, lehnte er eine Veröffentlichung ab: Friedrichs Studie hätte nicht den „quantitative traditions of our project" entsprochen (Lazarsfeld 1969, S. 314).

In einer Zeit, in der Politikwissenschaft vor allem als „Government" (Regierungslehre oder Staatswissenschaften) verstanden wurde, war sie für Lazarsfeld nicht ausreichend quantitativ orientiert, als dass er sich mit ihr hätte identifizieren können – deshalb die explizite Grenzziehung gegenüber Friedrich. Doch das musste sich ändern, als die Politikwissenschaft Lazarsfelds quantitative

8.1 Zwischen den Disziplinen: Psychologie, Soziologie ...

Politikforschung nutzte und so für sich in Anspruch nahm. Es war die Politikwissenschaft, die sich gegenüber Lazarsfeld öffnete. Anders ausgedrückt: Lazarsfelds Methodologie zwang der Politikwissenschaft ein erweitertes Selbstverständnis auf.

Dass Lazarsfeld ein Hauptvertreter der Soziologie des 20.Jahrhunderts war, bleibt unbestritten. Und doch wurde in der von der UNESCO herausgegebenen Reihe „Hauptströmungen der sozialwissenschaftlichen Forschung" im Band „Politikwissenschaft" er auch als Vertreter dieser Disziplin genannt – etwa im Zusammenhang mit der „behavioristischen Bewegung", die W.J.M. Mackenzie vor allem in der US-amerikanischen Politikwissenschaft der 1950er Jahre ausmachte und Lazarsfelds Bedeutung für die Entwicklung der Politikwissenschaft in der „Sprache der Variablen" betonte: in der Sprache von „The People's Choice" und „Voting" (Mackenzie 1972, S. 32).

Der Marxismus-Leninismus sah in den Jahrzehnten seiner politischen Hegemonie in Osteuropa Lazarsfeld als einen Repräsentant der US-amerikanischen Politikwissenschaft. Lazarsfeld wurde in der nachstalinistischen Zeit der UdSSR von den offiziellen Vertretern der marxistisch-leninistischen Wissenschaft für wichtig genug gesehen, um sich mit ihm auseinanderzusetzen. In einen Begriffsrahmen ideologischer Pflichtübungen hineingestellt, die den „imperialistischen" Charakter der amerikanischen Politikwissenschaft geißelten, war in den insgesamt doch ausführlichen Anmerkungen zu Lazarsfeld auch so etwas wie Respekt zu erkennen. Für die systemkonform organisierte Wissenschaft in den politischen Systemen sowjetischen Typs war Lazarsfeld jedenfalls ein führender Vertreter der „Politologie in den USA" (Kalenski et al. 1971, S. 94 f., 100).

Es ist letztlich von höchst sekundärer Bedeutung, welchem sozialwissenschaftlichen Fach Lazarsfeld zugerechnet wird. Lazarsfeld war – als promovierter Mathematiker, als Vertreter der angewandten Psychologie, als Professor für Soziologie – vor allem eines: ein Sozialwissenschaftler, der die Grenzen einander ausschließender Ansprüche akademischer Disziplinen sprengte. Es würde dem Gesamtwerk Lazarsfelds widersprechen, ihn nur einer Disziplin zuzuschreiben.

Lazarsfelds Bedeutung lag vor allem in der Entwicklung und Standardisierung sozialwissenschaftlicher Forschungsmethoden. Es war Lazarsfelds Beitrag zur Methodologie der Forschung, die ihn auszeichnete. Er selbst beschrieb die zentrale Rolle der Methodologie so: „Methodology can make a direct contribution to the advancement of our knowledge of human affairs, inasmuch as it provides organizing *principles by which such knowledge can be integrated and codified.*" (Lazarsfeld und Rosenberg 1955, S. 10 f.; Hervorhebungen im Original) Hier zeigte sich der Aufklärer Lazarsfeld: Das durch wissenschaftliche Forschung gewonnene Wissen ist nicht Selbstzweck. Es dient, gerade durch die methodische

Standardisierung von Erkenntnissen, der Vertiefung von Einsichten in gesellschaftliche Verhältnisse. Diese Funktionszuschreibung sozialwissenschaftlicher Forschung weist Lazarsfeld als Theoretiker sozialwissenschaftlicher Methodologie aus – und als einen der Aufklärung verpflichteter Forscher. In Lazarsfelds Entwicklung verbanden sich formalwissenschaftliche Qualifikationen mit vorwissenschaftlichen Interessen. Diese Kombination ermöglichte es ihm, zu einem Pionier in der Entwicklung sozialwissenschaftlicher Methoden zu werden, die – wie etwa die Multivariaten Analyse – für die Wahl- und damit für Demokratieforschung zentral wurden (Lipset 1981, S. 59 f.) Lazarsfelds Methodologie dient allen Sozialwissenschaften. Und das macht seine bleibende Bedeutung aus.

Was ist Politikwissenschaft, was Politische Soziologie, was Soziologie, was Sozialpsychologie? Der Methodologe Lazarsfeld machte klar, dass alle diese Fächer in ihrem empirischen Zugang eine wesentliche Gemeinsamkeit aufweisen: Im Mittelpunkt aller Teilbereiche der Sozialwissenschaften steht die Suche nach der Wirklichkeit. Es geht nicht um den Entwurf einer neuen, einer idealen Welt. Die Zukunft der Welt ist offen. Karl Poppers liberale Offenheit war für Lazarsfeld, jedenfalls nach Marienthal, mehr bestimmend als Karl Marx' Dialektik, die – ausgehend von der Widersprüchlichkeit von „These" und „Antithese" – auf eine „Synthese" hinausläuft; auf eine von Widersprüchen befreite („klassenlose") Gesellschaft. Lazarsfeld zeigte Widersprüche auf – Widersprüche, die sich verändern können. Aber Widersprüche verschiedenster Art sind ein nicht aufhebbarer Teil jeder Gesellschaft.

Der Forscher Lazarsfeld blieb in einer Hinsicht der Tradition des Marxismus treu. Der marxistischen Heilslehre hatte er abgeschworen, beginnend mit Marienthal. Der für den Marxismus typische methodische Denkansatz aber lässt sich in Lazarsfelds Werk auch nach Marienthal feststellen: Gesellschaftliches Bewusstsein und politisches Verhalten können, ja müssen aus dem gesellschaftliche Sein erklärt werden. Gerade weil Lazarsfeld ein Empiriker war, der auf der Suche nach der Wirklichkeit nach deren Ursachen fragte, blieb er – auch nachdem er die Enge marxistischer Orthodoxie verlassen hatte – diesem einen, seine Forschungen bestimmenden Zugang treu: Ohne die Kenntnis des Seins gibt es keine Erklärung des Bewusstseins.

8.2 Zwischen den Welten: Europa, Amerika

David Sills beschrieb Lazarsfeld als einen „Ex-European", „the most American of all ex-European professors". Sills bezog sich dabei auf Lazarsfelds Methodologie: Lazarsfeld war Amerikaner „in his empirical method of solving problems,

8.2 Zwischen den Welten: Europa, Amerika

his freedom from preconceptions, his scorn of the tyranny of received theory..."(Sills 1998, S. 149 f.) Der Amerikaner Lazarsfeld schien nichts mehr von dem an sich zu haben, was für den Europäer Lazarsfeld gegolten haben mag: ein außer Streit gestelltes Vorverständnis vom Zustand der Gesellschaft, die es zu untersuchen galt. Hatte Lazarsfeld an der Columbia University tatsächlich all dem abgeschworen, was in seinen Wiener Jahren doch so wichtig für ihn war?

Lazarsfeld, der Amerikaner, hatte nicht den Wunsch, an eine europäische Universität – und sei es die Universität Wien – als etablierter Professor „zurückzukehren". Die Universität Wien hatte Karl und Charlotte Bühler vertrieben, die als einzige unter allen an dieser Universität in den Jahren um 1930 Lehrenden Lazarsfelds Verständnis von Wissenschaft mitgeprägt hatten. Nach seiner Emeritierung an der Columbia University lehrte er zwar auch in Europa, zum Beispiel als Gastprofessor an der Sorbonne. Aber die österreichischen Universitäten hatten den Zeitpunkt versäumt, Lazarsfeld zu (be-)rufen, als ein solches Angebot ernst zu nehmen gewesen wäre – in den Jahren nach 1945. Dass Lazarsfeld seine Professur an der Columbia University für eine Professur in Österreich aufgegeben hätte, ist wohl auszuschließen. Aber dass ein solches Angebot aus Österreich nicht kam, war ein signifikantes Versäumnis.

Die Erinnerung an Lazarsfeld war auch 1945 und danach – zunächst – im Universitäts- und Wissenschaftsbetrieb Österreichs verdrängt, anders als die Erinnerung an Hans Kelsen, der ebenso wie Lazarsfeld nicht aus dem US-Exil zurückgekehrt war. Kelsens methodische Handschrift hatte die 1920 beschlossene und 1945 wieder in Geltung gesetzte Verfassung der demokratischen Republik Österreichs beeinflusst. Kelsen war präsent – in Form einer Erinnerung an einen der Großen, die nicht mehr da waren (Welan 2014, S. 94–96). Lazarsfeld war 1945 in Wien, in Österreich, in Europa nicht präsent – wohl auch, weil Marienthal fast vergessen war. Auch der österreichischen Sozialdemokratie war Lazarsfeld bestenfalls eine blasse Erinnerung. Für die sich in den 1960er Jahren auch in Österreich entwickelnde empirische Sozialforschung wurde Lazarsfeld als Professor der renommierten Columbia University ein Begriff. Dass er – auch – Österreicher war, wurde lange übersehen (Kienzl 1998, S. 77 f.).

Erst allmählich wurden die europäischen Wurzeln Lazarsfelds aus der Verdrängung geholt. Ein Grund für diese Wiederbelebung der Erinnerung war sicherlich, dass die „vertriebenen Vernunft" (Stadler 2004) wiederentdeckt wurde; das intellektuelle Potential, für das in Österreich in den 1930er Jahren kein Platz war. Eine neue Generation von Forscherinnen und Forschern begann, das Europäische an Paul Lazarsfeld, an Marie Jahoda, an Hans Zeisel zu entdecken und zu betonen. Es war die Wiederentdeckung der Marienthal Studie, die zur Wiederentdeckung des Europäers Paul Lazarsfeld führte (Fleck 1998, S. 98–103).

Nach der den politischen Transformationen in Ost-, Mittel- und Südosteuropa um 1990 wurde Marienthal sogar zu einem zentralen Begriff, der die Freisetzung eines (sozial)demokratischen Reformpotentials in Verbindung mit den sich entwickelnden Sozialwissenschaften zu symbolisieren schien. 1991 fand in Wien – in Verbindung mit der Erinnerung an Lazarsfelds 90.Geburtstag – eine von der österreichischen Paul Lazarsfeld- Gesellschaft organisierte Tagung statt, an der Forscherinnen und Forscher aus den bis kurz davor noch kommunistisch regierten Staaten über die Ergebnisse ihrer nunmehr politisch erlaubten Forschung berichteten. Die Veröffentlichung der Tagungsergebnisse trug den Titel „60 Jahre nach Marienthal". Die publizierten Vorträge beschäftigten sich vor allem mit demoskopischen Befunden über die Demokratieentwicklung im vormals kommunistischen Europa. Marienthal war zum Synonym für Demokratisierung geworden. Aber es war mehr der Lazarsfeld von Erie County als der von Marienthal, der die Konferenz von 1991 prägte. Im Zentrum stand nicht die Krisenanfälligkeit des Kapitalismus, im Zentrum stand die Etablierung der Demokratie nach dem Zusammenbruch des marxistisch-leninistischen Sozialismus (Paul-Lazarsfeld-Gesellschaft 1992).

Für die Forscherinnen und Forscher aus dem ehemals vom Marxismus-Leninismus beherrschten Teil Europas war Lazarsfelds Beschäftigung mit der real existierenden Demokratie ein Impuls, Ausschau nach einer besseren, einer freieren Zukunft zu halten. Der resignierende Unterton, den Jahoda, Lazarsfeld und Zeisel in ihrer Marienthal Studie hatten durchblicken lassen – die von erkennbarem Bedauern erfüllte Skepsis gegenüber der demokratischen Umsetzbarkeit sozialistischer Reformen, die bestimmte nicht den Reformoptimismus von 1991. Marienthal war weniger eine Chiffre für die Schattenseiten des Kapitalismus und mehr ein Kodewort für das Verdämmern sozialistischer Erwartungen.

Ein Vortrag, den Hans Zeisel 1991 kurz vor seinem Tod in Wien hielt, lieferte einen interessanten Beitrag zu dieser Interpretation. Der Titel des Referates war „Die Zukunft des Sozialismus". Zeisel endete mit der Feststellung „Der Sozialismus als konkrete gesellschaftliche Planvorgabe ist wahrscheinlich für lange abgetan. Was bleiben wird, sind die Ideale der Sozialdemokratie." (Zeisel 1992, S. 39) So ähnlich wie Zeisel, dem nach der Vertreibung aus Österreich eine erfolgreiche universitäre Karriere in den USA möglich war, hätten es vermutlich auch Marie Jahoda und Paul Lazarsfeld formuliert. Die empirische Sozialforschung hatte dem Marxismus Grundlagen und Glaubwürdigkeit entzogen. Das war schon in Marienthal deutlich für alle gewesen, die wie Lazarsfeld die Wirklichkeit sehen konnten. Der Zusammenbruch des Marxismus-Leninismus als Herrschaftssystem ließ allerdings noch einige Jahrzehnte auf sich warten. Und unter dem Stichwort „60 Jahre nach Marienthal" berichteten Forscherinnen und Forscher über

8.2 Zwischen den Welten: Europa, Amerika

die Durchsetzungskraft der liberalen, der pluralistischen, der auf freien und fairen Wahlen beruhenden Demokratie.

In seinem Vorwort zu einer neuen Auflage von „Die Arbeitslosen von Marienthal" formulierte Lazarsfeld 1960 seine Sicht der an sich geglückten Überbrückung zwischen einem für Europa und einem für Amerika repräsentativen sozialwissenschaftlichen Zugang. Die intellektuelle Migration aus Europa hätte die US-amerikanischen Sozialwissenschaften beeinflusst. Lazarsfeld erwähnte ausdrücklich „eine typische Kombination des Einflusses der Bühlers und des logischen Positivismus, repräsentiert durch den ‚Wiener Kreis'….Auswanderer nach Amerika haben einen großen Einfluss auf die dortige Entwicklung." Und er hob besonders Marie Jahoda hervor – aber auch Theodor W. Adorno und Else Frenkel-Brunswick, deren Studien über den autoritären Charakter Lazarsfeld sehr schätzte, anders als die späteren Publikationen Adornos. Manche, die wieder nach Europa zurückkamen, hätten nach ihrer Rückkehr aus dem amerikanischen Exil dazu beigetragen, dass die „amerikanische empirische Soziologie" heute das „erfüllt, was man im deutschen Sprachgebiet um 1930 als eine Zukunftshoffnung angesehen hatte. Und trotzdem, wann immer ich mit deutschen oder österreichischen Kollegen spreche, fühle ich ein gewisses Unbehagen über ‚Amerikanismus' in der Soziologie." (Lazarsfeld 1975, S. 20).

Lazarsfeld führte die nur teilweise geglückte Konvergenz der sozialwissenschaftlichen Standards auf ein „doppeltes Missverständnis" zurück. Das eine beruhte auf dem quantitativen Ungleichgewicht, das auch auf ein qualitatives hinauslief: „Ich verstehe wohl, dass es schwer ist für Europäer, aus der Flut amerikanischer Publikationen die wertvollen Einzelwerke herauszugreifen….Das zweite Missverständnis hängt mit der Beziehung zwischen kommerziellen Zentren und Universitätsinstituten zusammen." Diese Beziehungen seien an US-Universitäten viel dichter – mit der Konsequenz, dass die kommerziellen Institute „viel stärker akademischem Einfluss ausgesetzt" sind (Lazarsfeld 1975, S. 20 f.). Die Sozialwissenschaften in Europa (vor allem im deutschen Sprachraum) würden die Chance einer Verbindung zwischen universitärer und außeruniversitärer Forschung weitgehend ungenützt lassen, mit der für den akademischen Elfenbeinturm traditionellen Arroganz – zum Nachteil der Universitäten. Lazarsfeld sah in der Forschungsfinanzierung durch private Interessen nicht nur eine Abhängigkeit der Forschung von diesen Interessen, sondern auch die Akademisierung der Interessen.

Dass Lazarsfeld sich nicht auf ein Entweder-Oder zwischen dem zentraleuropäischen und deutschsprachigen Raum auf der einen und dem amerikanisch-anglophonen Raum auf der anderen Seite einengen lässt, belegte die an der Sorbonne 1994 fast zwei Jahrzehnte nach seinem Tod organisierte Konferenz

"Paul Lazarsfeld (1901–1976). La sociologie de Vienne à New York". Lazarsfeld hatte– auf der Grundlage seiner die Sozialwissenschaften bestimmenden Rolle in den USA – die Entwicklung der wissenschaftlichen Forschung nicht nur im deutsch- und im englischsprachigen Raum entscheidend beeinflusst, sondern auch die im frankophonen Raum und in der Forschungswelt insgesamt (Gemelli 1998). Lazarsfeld „gehört" der ganzen Welt.

8.3 Forschung trifft Politik: Wer benützt wen, wer nützt wem?

Der Lazarsfeld von Marienthal und der Lazarsfeld von Erie County waren ein- und derselbe. Er „gehörte" der Aufklärung: Aufklärung, verstanden als Zerstörung von Scheinwissen durch Wissen; als Dekonstruktion von Vorurteilen, um so Voraussetzungen für Urteilsbildung zu schaffen; als fortschreitende Einsicht in die gesellschaftliche Wirklichkeit. Lazarsfeld war Teil einer Aufklärung, die – gerade, wenn sie als „Entideologisierung" verstanden wird, wenn sie „Ideologie" als „falsches Bewusstsein" zersetzt – keineswegs „wertfrei" ist. Denn sie geht von einem Grundwert aus, vom Humanismus, der die Universalität der Menschenrechte begründet. Und sie ist gekennzeichnet von einem Fortschrittsoptimismus, der „Zivilisationsbrüche" wie den Holocaust nicht verdrängt, sondern aus ihm Lehren zu ziehen versucht.

Der Lazarsfeld von Marienthal war vielleicht noch Marxist, der den Folgen eines den gesellschaftlichen Zusammenhalt zertrümmernden Kapitalismus auf der Spur war. Doch er war bereits beeinflusst von einem anderen analytischen Zugang als dem des traditionellen Marxismus. Er deduzierte nicht von einem bereits feststehenden Gesamturteil, er folgte einem induktiven Weg: Er (und sein Team) beobachtete, beschrieb, analysierte das, was sich in der gesellschaftlichen Wirklichkeit eines von Wirtschaftskrise und Massenarbeitslosigkeit sozial zerstörten Industrieortes im Süden von Wien abspielte.

Der Lazarsfeld der Columbia University war kein Marxist – jedenfalls nicht in dem allgemein üblichen Wortsinn; keiner, der im unversöhnlichen Konflikt zwischen ökonomisch definierten Klassen den letztlich allein die Gesellschaft bestimmenden Gegensatz sieht. In Erie County beobachtete er eine Fülle von Gegensätzen, die nicht einfach nur auf die Dichotomie zweier Klassen zurückgeführt werden konnten. Aber in einer nicht dogmatischen, einer entideologisierten Form waren marxistische Denkansätze in „The People's Choice" und in „Voting" sehr wohl feststellbar: Das sich im Wahlverhalten manifestierende

8.3 Forschung trifft Politik: Wer benützt wen, wer nützt wem?

politische Bewusstsein wurde in kausale Verbindung mit dem gesellschaftlichen Sein gebracht; mit einem Sein, das auf religiöser wie ethnischer wie geschlechts- oder generationsbezogener Identität beruhen kann, aber ebenso auch von ökonomischen Interessen beeinflusst ist.

Dass Lazarsfeld diese Determinanten nicht in eine Rangordnung entsprechend ihrer vermuteten Bedeutung brachte, das unterschied seinen Zugang von dem des Marxismus. Bewusstsein war und ist nicht einfach ein vom gesellschaftlichen Unterbau bestimmter Überbau. Bewusstsein als Produkt religiöser, sozialer oder ethnischer Milieus reflektiert eigene Identitäten, rechtfertigt eigene Interessen. Und diese bestimmen politisches Denken und Verhalten ebenso wie die ökonomische Schichtung einer Gesellschaft. Lazarsfeld gelang es so, ein marxistisches Vorverständnis zu säkularisieren und von seinen quasi-religiösen Fundamenten zu lösen. Dazu dient die empirische Forschung, die nicht wie der Marxismus von einem vorgegebenen Fundamentalwiderspruch ausgeht, aus dem die Dynamik aller anderen Widersprüche abzuleiten wäre. Lazarsfeld nutzte ein Element des Marxismus: die kausale Verbindung von Sein und Bewusstsein. Aber er ließ die dogmatische Interpretation dieser Verbindung hinter sich.

Diese „Entideologisierung", die in der Weiterentwicklung des Marxisten Lazarsfeld zum empirischen Sozialforscher deutlich wurde, war das Resultat der Kärrnerarbeit wissenschaftlicher Forschung. Karl Marx leistete zwar in den Jahren, die er im British Museum verbrachte, auch Kärrnerarbeit – in seinem Elfenbeinturm, einer Bibliothek. In das „Feld" ging er nie hinaus, auf eine Feldforschung à la Marienthal oder à la Erie County ließ er sich nie ein. Marx war immer getrieben von dem Interesse, eine für ihn bereits feststehende „Wahrheit" empirisch zu belegen: die Unvermeidlichkeit des Zusammenbruches des Kapitalismus. Marx hatte einen Punkt Alpha: die von den Interessen der herrschenden Klasse bestimmte Gesellschaftsordnung. Und er hatte einen Punkt Omega: die revolutionäre Ablösung der Herrschaft der einen durch die andere Klasse, den Übergang vom Kapitalismus zum Sozialismus. In Marx' Forschung war immer auch seine quasi-religiöse Gewissheit deutlich, dass die von ihm analysierten Verhältnisse mit innerer Logik auf eine paradiesische Endgesellschaft hinauslaufen müssten, auf die klassenlose Gesellschaft des Kommunismus (Kolakowski 1977, S. 337–426). Für den Forscher Marx stand das finale Ergebnis der gesellschaftlichen Entwicklungsprozesse bereits fest. Er suchte nach Belegen, die seinen Glauben absichern sollten. Dieser Art von Forschung, die nur an der Bestätigung für nicht hinterfragte Gewissheiten interessiert ist, hatte sich Lazarsfeld entzogen – eigentlich schon in Wien und Marienthal, aber eindeutig und klar erkennbar in New York und Erie County.

Das Werk Paul Lazarsfelds unterstreicht, wie wichtig es ist, im Wissenschaftsbetrieb und in der Forschung sich der Ambivalenz von Überzeugung und Realität bewusst zu sein. Überzeugung – ob politisch, religiös oder anders begründet – ist ein unverzichtbarer Antriebsfaktor; ein Motiv, sich der Forschung zu widmen. Überzeugung darf aber nicht in Form eines „Conviction Bias" Forschungsergebnisse bewusst oder unbewusst verzerren. Die Ergebnisse wissenschaftlicher Forschung sind dazu da, vorhandene Überzeugungen zu korrigieren.

Lazarsfelds Leben und Gesamtwerk machen dies vor. Die soziale Katastrophe, die er in Marienthal erlebt und beschrieben und analysiert hatte, wurde von ihm nicht im Sinne vorwissenschaftlicher Überzeugungen interpretiert – etwa in der Form, dass die Massenarbeitslosigkeit als Indikator für den bevorstehenden Untergang des Kapitalismus zu deuten wäre; für einen Zusammenbruch der bestehenden Ordnung, deren Einsturz durch eine Revolution noch beschleunigt werden könnte. Die Forschungsergebnisse von Marienthal machten Lazarsfeld vielmehr vorsichtig: Die Resultate der Krise des Kapitalismus – so die Erkenntnisse, die Lazarsfeld gewonnen hatte – deuteten nicht auf eine Stärkung revolutionärer Energie. Die in Marienthal beobachtete gesellschaftliche Apathie einer „müden", einer resignierten Gesellschaft machte einen von „unten", von der „Arbeiterklasse" herbeigeführten gesellschaftlichen Umbruch vielmehr äußerst unwahrscheinlich.

In den USA konnte Lazarsfeld die stabilisierende Wirkung sozial- und wirtschaftspolitischen Interventionen beobachten. Deren Voraussetzung war die Existenz eines grundsätzlich außer Streit gestellten politischen Systems, in dessen Zentrum freie und faire Wahlen standen. Die mögliche und in der Ära des „New Deal" besonders klar hervortretende politische Intention Roosevelts war nicht die Überwindung des Kapitalismus. Das Ziel war dessen Zähmung.

Das Wahlverhalten in Erie County, 1940, war ihm Rahmen eines traditionell verstandenen Marxismus kaum erklärbar: Geschlecht und Religion, Bildung und ethnische Herkunft überkreuzten sich mit Klasse (ausgedrückt in Einkommen und Vermögen), und je komplexer alle diese Faktoren einander überlagerten, desto schwieriger war politisches Verhalten vorhersehbar. Klasse hatte zwar nicht aufgehört, ein das Verhalten bestimmender Faktor zu sein. Klasse war aber nur eine von mehreren Determinanten, und unter diesen keineswegs die a priori dominierende. Vor allem aber: Das Bild einer „müden Gesellschaft", das Lazarsfeld für Marienthal gezeichnet hatte (Jahoda et al. 1975, S. 55–63), das passte auf Erie County nicht. Roosevelts Amerika war nicht frei von krisenhaften Entwicklungen, und Erie County war voll von Widersprüchen und Gegensätzen. Aber „müde" war Erie County nicht – „müde" war das Amerika Roosevelts ganz gewiss nicht.

Diese Erkenntnisse widersprachen diametral dem marxistischen Axiom von der Unversöhnlichkeit der Klassengegensätze. Die Eindeutigkeit einer bestimmten Überzeugung – wie der Lazarsfelds in seiner frühen Wiener Zeit – hielt der Vieldeutigkeit der Erkenntnisse nicht stand, die er in den USA der 1930er, 1940er und 1950er Jahre zu gewinnen und zu gewinnen vermochte. Eine Politik punktueller, aber einschneidender Reformen hatte die Gesellschaft bewegt und verändert – aber nicht in Richtung Revolution.

Lazarsfeld war immer politisch im Sinne eines „citoyens", eines an der Allgemeinheit interessierten Bürgers. Als er in Marienthal erkennen musste, dass es Wunschdenken ist, von der Krise des Kapitalismus eine radikalisierende Wirkung zu erwarten, schrieb er diese Einsicht nicht direkt in den Forschungsbericht. Aber die Sozialdemokratische Arbeiterpartei, die über die Arbeiterkammer Wien ja an der Finanzierung der Marienthal Studie beteiligt war, konnte von sich aus nur die eine Schlussfolgerung ziehen: Arbeitslosigkeit produziert keine Revolution. Wer sozialen Fortschritt gerade auch im Sinne der Sozialdemokratischen Arbeiterpartei will, muss auf die Bekämpfung der Arbeitslosigkeit setzen – aber nicht in Form einer Strategie, die auf einen radikalen Systembruch setzt, sondern auf Reformen im System; auf Reformen unter Nutzung der vorhandenen demokratischen Instrumente.

Eine solche konsequente Reformpolitik war in Österreich 1930 politisch nicht umsetzbar. Die Demokratie war in der Defensive. Eine Revolution im Sinne einer sozialistischen Arbeiterbewegung war nicht machbar – nicht im leninistischen und nicht im sozialdemokratischen Sinn. Marienthal war ein Beweis nicht nur für die Müdigkeit der Gesellschaft, sondern auch dafür, dass in Zeiten der Krise die Gegner der Demokratie die Krisengewinner waren.

Andere Resultate als Resignation und Apathie produzierten der „New Deal" der 1930er Jahre und der nach 1945 teilweise geglückte Versuch, in (West-)Europa eine „Win – Win" Situation herzustellen, die den Interessen aller nützte. Die Kooperation der „Klassenfeinde" in Form des Neo-Korporatismus, der „sozialen Marktwirtschaft", der Sozialpartnerschaft – das waren die europäischen Varianten des „New Deal" (Schmitter und Lehmbruch 1979). Nicht Revolution, Reform war die Essenz der demokratischen Erfolgsgeschichte nach 1945: in (West-) Deutschland und in Frankreich, im Vereinigten Königreich und in Schweden und auch in Lazarsfelds Heimatland Österreich.

Lazarsfeld hatte durch die Ergebnisse seiner wissenschaftlichen Forschung der Politik Handlungsoptionen aufgezeigt. Eine dieser Optionen auch zu ergreifen, das war nicht Aufgabe der Wissenschaft, das war Aufgabe der Politik. Dass eine Politik weitgehender Reformen in Österreich 1933 nicht umzusetzen war, das lag an der Schwäche der Demokratie. Dass eine solche Reformagenda aber in den

USA ab 1933 und in Europa nach 1945 umgesetzt werden konnte, das lag an der Stärke der Demokratie. Deren Schwäche hatte Lazarsfeld in Marienthal aufgezeigt – und deren Stärke in Erie County.

Die Aufgabenteilung zwischen Wissenschaft und Politik wurde von Lazarsfeld, wie schon in Marienthal, auch in Erie County demonstriert – bezogen auf Konsequenzen aus den in Erie County gewonnenen Erkenntnissen. Nach Erie County hatte Lazarsfeld den Wahlsieger – die Demokratische Partei – als eine „Koalition von Minderheiten" definiert, bestehend aus „Arbeiter, Katholiken, Juden und Universitätsprofessoren" (Stehr 2008, S. 129). Gemeinsam bildeten diese Minderheiten die Mehrheit. Lazarsfeld und das Forschungsteam hatten damit auch deutlich gemacht, dass ein Grund für die Wahlniederlage der Republikanischen Partei 1940 ihre zu enge Identifikation mit einer insgesamt zu kleinen gesellschaftlichen Gruppe war. Die Anziehungskraft der Partei hatte sich zu sehr auf das in seiner quantitativen Bedeutung schrumpfende Milieu der „WASPs" beschränkt, der White Anglo-Saxon Protestants. Daraus Schlussfolgerungen zu ziehen, das war Aufgabe der Politik, konkret der Republikanischen Partei. Um die Wettbewerbsfähigkeit dieser Partei gegenüber der Demokratischen Partei zu steigern, der erfolgreichen „Koalition der Minderheiten", müssten sich die Republikaner mehr um die nicht angelsächsischen, nicht weißen, nicht protestantischen Wählerinnen und Wähler bemühen. Das sprachen die Forscherinnen und Forscher nicht direkt aus. Aber indirekt war diese Botschaft der Wissenschaft an die Politik klar erkennbar.

Lazarsfeld hatte immer solche indirekten Botschaften an die Politik geschickt. Mit Ausnahme einer kurzen Zeit in seiner Jugend – vor und jedenfalls nicht mehr nach Marienthal – war er aber von der Versuchung frei, diese Botschaften selbst umsetzen zu wollen. Das überließ der Beobachter und Analytiker der Politik anderen; vielleicht auch in der Einsicht, dass seine Botschaften eher angenommen werden könnten, wenn sie nicht a priori mit der Etikette politischer Parteinahme versehen wären.

Erkenntnisse der empirischen Sozialforschung waren und sind das Produkt aufwendiger Arbeit, die nur auf einer gesicherten institutionellen (und das heißt immer auch breiten personellen) Grundlage möglich ist. Sozialforschung mag von der Intention einer einzelnen Person bestimmt sein. Die Konkretisierung dieser Intention – von der genauen Formulierung der Fragestellung über die Erstellung des Forschungsdesigns und dessen konkrete Umsetzung bis zur Analyse und Formulierung der Forschungsergebnisse: Das alles verlangt nach Teamarbeit. Und das alles wurde von Lazarsfeld exemplarisch vorgeführt, beginnend in Marienthal.

Solcher Mühe aufwendiger Kärrnerarbeit hatten und haben sich die Sozialwissenschaften des 20. und 21. Jahrhunderts zu unterziehen – aber ohne vorzugeben, den Punkt Omega der gesellschaftlichen Entwicklung zu kennen. Diese Mühe hatte aus dem jungen, revolutionär gesinnten Lazarsfeld keineswegs einen völlig anderen Menschen gemacht. Sie hatte einen zu recht über die herrschenden Verhältnisse in Gesellschaft und Politik empörten Menschen nicht anders, sie hatte ihn weise gemacht. Die Vermittlung einer so nicht auf Glauben, sondern auf Wissen beruhenden Weisheit – das ist die Aufgabe einer auf sozialwissenschaftlicher Forschung aufbauenden akademischen Lehre; gerade dann, wenn ihr Ausgangspunkt eine kritische, ja eine radikale Distanz zu den bestehenden Verhältnissen ist.

Lazarsfelds Leben und Werk zeigen beides: Die Notwendigkeit der Trennung von Wissenschaft und Politik – und die Unvermeidlichkeit der wechselseitigen Überschneidung dieser beiden Sphären.

Literatur

Eine umfassende Zusammenstellung von Lazarsfelds Publikationen findet sich in Lautman, Lécuyer 1998, 111–116 und 540–543. In den folgenden Literaturangaben sind diejenigen Publikationen Lazarsfelds enthalten, auf die im Text dieses Buches Bezug genommen wird.

Adorno, Theodor W., et al. 1950. *The Authoritarian Personality.* New York: Harper & Brothers.
Adorno, Theodor W. 1969. *Scientific Experiences of a European Scholar in America.* Fleming, Bailyn 1969:338–370.
Anderson, Benedict. 2006. *Imagined Communities. Reflections on the Origins and Spread of Nationalism.* London: Verso.
Arendt, Hannah. 1995. *Elemente und Ursprünge totaler Herrschaft.* München: Piper.
Berelson, Bernard R., Paul F. Lazarsfeld, und William N. McPhee. 1954. *Voting. A Study of Opinion Formation in a Presidential Campaign.* Chicago: University of Chicago Press.
Berge, Stefanr. 2008. *Paul Felix Lazarsfeld – Zu seinen frühen Studien.* Wien: GRIN.
Bottomore, Tom, Hrsg. 1983. *A Dictionary of Marxist Thought.* Cambridge, MA: Harvard University Press.
Burns, James MacGregor. 1996. *Roosevelt. The Soldier for Freedom.* New York: Smithmark.
Clark, Terry N. (et alii). 1998. *Paul Lazarsfeld and the Columbia sociology machine.* Lautman, Lécuyer 1998:289–362.
Coleman, James S. 1998. *Paul Lazarsfeld: The interaction of his relation to people and this relation to social science.* Lautman, Lécuyer 1998:271–288.
Dahl, Robert A. 1956. *A Preface To Democratic Theory.* Chicago: The University Press of Chicago.
Dahl, Robert A. 1989. *Democracy and Its Critics.* New Haven: Yale University Press.
Dahms, Hans-Joachim. 2004. Die Emigration des Wiener Kreises. *Stadler* 1:66–122.
Diederich, Nils. 1965. *Empirische Wahlforschung. Konzeptionen und Methoden im internationalen Vergleich.* Köln und Opladen: Westdeutscher Verlag.
Downs, Anthony. 1957. *An Economic Theory of Democracy.* New York: Harper & Row.
Fassmann, Heinz, und Rainer Münz. 1995. *Einwanderungsland Österreich? Historische Migrationsmuster, aktuelle Trends und politische Maßnahmen.* Wien: Jugend & Volk.

Fleck, Christian. 1998. *The choice between market research and sociogpraphy, or: What happened to Lazarsfeld in the United States?* Lautman, Lécuyer 1998:83–122.
Fleck, Christian. 2004. Sozialforschung im Exil. *Stadler* 1:182–213.
Fleming, Donald, und Bernard Bailyn, Hrsg. 1969. *The Intellectual Migration. Europe and America, 1930–1960.* Cambridge, MA: The Belknap Press of Harvard University Press.
Fraenkel, Ernst. 2015. *Deutschland und die westlichen Demokratien. Mit einem Nachwort über Leben und Werk Ernst Fraenkels. Herausgegeben von Alexander v. Brüneck.* 3.Auflage. Frankfurt a. M.: Suhrkamp, 3.Auflage.
Fürstenberg, Friedrich. 1998. *Knowledge and action. Lazarsfeld's foundation of social research.* Lautman, Lécuyer 1998:423–432.
Gemelli, Giuliana. 1998. *Paul Lazarsfeld et la France au milieu des années soixante.* Lautman, Lécuyer 1998:465–505.
Goodin, Robert E., und Klingemann, Hans-Dieter, Hrsg. 1998. *A New Handbook of Political Science.* Oxford: Oxford University Press.
Holloway, John Scott. 2021. *The Cause of Freedom. A Concise History of African Americans.* New York: Oxford University Press.
Horster, Detlef. 1984. *Alfred Adler zur Einführung.* Hannover: SOAK.
Hughes, H. Stuart. 1969. *Franz Neumann. Between Marxism and Liberal Democracy.* Fleming, Bailyn 1969:446–462.
Jahoda, Marie, Paul F. Lazarsfeld, und Hans Zeisel. 1975. *Die Arbeitslosen in Marienthal. Ein soziographischer Versuch.* Frankfurt a. M.: edition suhrkamp.
Jahoda, Marie, und Hans Zeisel. 1975. *Vorwort zur ersten Auflage.* Jahoda, Lazarsfeld, Zeisel 1975, 9 f.
Jahoda, Marie. 1998. *Paul Felix Lazarsfeld in Vienna.* Lautman, Lécuyer 1998:135–146.
Johnson, Janet Buttolph, und Richard A. Joslyn. 1986. *Political Science Research Methods.* Washington, D.C.: CQ Press.
Johnston, William M. 1976. *The Austrian Mind. An Intellectual and Social History 1848–1938.* Berkeley: University of California.
Judson, Pieter M. 2016. *The Habsburg Empire. A New History.* Cambridge, MA: The Belknap Press of Harvard University Press.
Kalenski, W. G., R. Mocek, und B. P. Löwe. 1971. *Politologie in den USA. Zur Kritik imperialistischer Machtkonzeptionen.* Berlin: VEB Deutscher Verlag der Wissenschaften.
Katz Elihu, und Paul F. Lazarsfeld. 2006. *Personal Influence. The Part Played by People in the Flow of Mass Communications.* New Edition. New Brunswick, NJ: Transaction Publishers.
Katznelson, Ira. 2013. *Fear Itself. The New Deal and the Origins of Our Time.* New York: Livering Publishing.
Kelsen, Hans. 2018. *Vom Wesen und Wert der Demokratie.* Ditzingen: Reclam.
Kienzl, Heinz. 1998. *A voice fort he silent.* Lautman, Lécuyer 1998:75–82.
Kolakowski, Leszek. 1977. *Die Hauptströmungen des Marxismus. Entstehung – Entwicklung – Zerfall.* Band 1. München: Piper.
Kolakowski, Leszek. 1978. *Die Hauptströmungen des Marxismus. Entstehung – Entwicklung – Zerfall.* Band 2. München: Piper.
Kreisky, Bruno. 1998. *Zwischen den Zeiten. Erinnerungen aus fünf Jahrzehnten.* Berlin: Wolf Jobst Siedler.

Langenbucher, Wolfgang R., Hrsg. 2008. *Paul Felix Lazarsfeld – Leben und Werk. Anstatt einer Biografie*. Wien: Braumüller.
Lautman, Jacques, und Bernard-Pierre Lécuyer, Hrsg. 1998. *Paul Lazarsfeld (1901–1976). La sociologie de Vienne à New York.* Paris: Edition L'Harmattan.
Lazarsfeld, Paul. 1927. *Marxismus und Individualpsychologie. Sonderabdruck aus dem Protokoll der Tagung marxistisch-individualpsychologischen Arbeitsgemeinschaft.* Wien: Internationale proletarische Freidenker.
Lazarsfeld, Paul F., Bernard Berelson, und Hazel Gaudet. 1948. *The People's Choice. How the Voter makes up his Mind in a Presidential Election.* 2nd ed. New York: Columbia University Press.
Lazarsfeld, Paul F., Morris Rosenberg, Hrsg. 1955. *The Language of Social Research. A Reader in the Methodology of Social Research.* Glencoe, Ill.: The Free Press.
Lazarsfeld, Paul F., William H. Sewell, und Harold L. Wilensky, Hrsg. 1967. *The Uses of Sociology.* New York: Basic Books.
Lazarsfeld, Paul F. 1969. *An Episode in the History of Social Research: A Memoir.* Fleming, Bailyn 1969:270–337.
Lazarsfeld, Paul F., Bernard Berelson, und Hazel Gaudet. 1969. *Wahlen und Wähler. Soziologie des Wahlverhaltens.* Neuwied: Luchterhand.
Lazarsfeld, Paul F. 1973. *Soziologie. Hauptströmungen der sozialwissenschaftlichen Forschung. Herausgegeben von der UNESCO.* Frankfurt a. M.: Ullstein.
Lazarsfeld, Paul. 1975. *Vorspruch zur neuen Auflage.* Jahoda, Lazarsfeld, Zeisel 1975:11–13.
Lazarsfeld, Paul. 1975. *Einleitung.* Jahoda, Lazarsfeld, Zeisel, 1975:24–31.
Leser, Norbert. 1968. *Zwischen Reformismus und Bolschewismus. Der Austromarxismus als Theorie und Praxis.* Wien: Europa Verlag.
Lipset, Seymour Martin.1981. *Political Man. The Social Bases of Politics.* Baltimore: The Johns Hopkins University Press, expanded edition.
Lipset, Seymour Martin.1988. *Paul F. Lazarsfeld of Columbia: A Great Methodologist and Teacher.* Lautman, Lécuyer 1998:255–270.
Mackenzie, W. J. M. 1972. *Politikwissenschaft. Hauptströmungen der sozialwissenschaftlichen Forschung. Herausgegeben von der UNESCO.* Frankfurt a. M.: Ullstein.
Marin, Bernd. 1978. *Politische Organisation sozialwissenschaftlicher Forschungsarbeit. Fallstudie zum Institut für Höhere Studien – Wien.* Wien: Wilhelm Braumüller.
März, Eduard. 1983. *Joseph Alois Schumpeter – Forscher, Lehrer und Politiker.* Wien: Verlag für Geschichte und Politik.
McFarland, Rob, Georg Spitaler, und Ingo Zechner, Hrsg. 2020. *Das Rote Wien. Schlüsseltexte der zweiten Wiener Moderne 1919–1934.* Berlin: de Gruyter.
McFarland, Robert K. 1998. *Working with Lazarsfeld: Notes and Contexts.* Lautman, Lécuyer 1998:163–212.
Müller, Karl H. 2004. *Die Idealwelten der österreichischen Nationalökonomen.* Stadler 2004, Band 1, 238–275.
Neurath, Paul. 1998. *The life and work of Paul Lazarsfeld.* Lautman, Lécuyer 1998:505–518.
Olechowski, Thomas. 2020. *Hans Kelsen. Biographie eines Rechtswissenschaftlers.* Tübingen: Mohr Siebeck.
Pauley, Bruce F. 1992. *From Prejudice to Persecution. A History of Austrian Anti-Semitism.* Chapel Hill: The University of north Carolina Press.

Paul-Lazarsfeld-Gesellschaft, und Kulturabteilung der Stadt Wien, Hrsg. 1992. *60 Jahre nach Marienthal. Aufbruch in Osteuropa: Sozialforscher berichten.* Wien 1992: WUV Universitätsverlag.
Pelinka, Anton. 2017. *Die gescheiterte Republik. Kultur und Politik in Österreich 1918–1938.* Wien: Böhlau.
Pollak, Michael. 2008. *Paul F. Lazarsfeld – Gründer eines multinationalen Wissenschaftskonzerns.* Langenbucher 2008:157–194.
Popper, Karl. 1945. *The Open Society and Its Enemies.* London: Routledge.
Popper, Karl. 1979. *Ausgangspunkte. Meine intellektuelle Entwicklung.* Hamburg: Hoffmann und Campe.
Pulzer, Peter. 1988. *The Rise of Political Antisemitism in Germany and Austria.* London: Peter Halban.
Rathkolb, Oliver. 2004. *Überlegungen zum Exodus der "Jurisprudenz".* Stadler 2004, Band 1, 276–303.
Schmitter, Philippe, und Gerhard Lehmbruch, Hrsg. 1979. *Trends Toward Corporatist Intermediation.* London: SAGE.
Schorske, Carl E. 1980. *Fin-de-Siècle Vienna. Politics and Culture.* New York: Alfred A. Knopf.
Schumpeter, Joseph A. 1972. *Kapitalismus, Sozialismus und Demokratie.* 3.Auflage. München: A. Francke.
Selltiz, Claire, Marie Jahoda, Morton Deutsch, und Stuart W.Cook. 1951. *Research Methods in Social Relations.* New York: Holt, Rinehart and Winston.
Selltiz, Claire, Marie Jahoda, Morton Deutsch, Stuart W.Cook. 1972. *Untersuchungsmethoden der Sozialforschung. Teil I.* Neuwied: Luchterhand.
Siems, Martina. 2015. *Sofie Lazarsfeld: Die Wiederentdeckung einer individualpsychologischen Pionierin.* Göttingen: Vandenhoeck & Ruprecht.
Sills, David L. 1998. *The Lazarsfeld Story as genre.* Lautman, Lécuyer 1998:146–160.
Spann, Othmar. 2013. *Der wahre Staat. Vorlesungen über Abbruch und Neubau der Gesellschaft.* Bremen (EHV), Neudruck der Originalausgabe von 1921, Leipzig: Quelle und Meyer.
Stadler, Friedrich, Hrsg. 2004. *Vertriebene Vernunft. Emigration und Exil österreichischer Wissenschaft 1930–1940.* Zwei Bände. Münster: LIT.
Stehr, Nico. 2008. *Ein Gespräch mit Paul F. Lazarsfeld.* Langenbucher 2008:123–142.
Sturmthal, Adolf. 1989. *Democracy under Fire. Memoirs of a European Socialist.* Durham: Duke University Press.
Swedberg, Richard. 1991. *Schumpeter. A Biography.* Princeton: Princeton University Press.
Taschwer. 1998. Discourses on Society in „Red Vienna": Some Contexts of the Early Paul F. Lazarsfeld. Lautman, Lécuyer 1998:33–48.
Taschwer, Klaus. 2015. *Hochburg des Antisemitismus. Der Niedergang der Universität Wien im 20.Jahrhundert.* Wien: Czernin.
Tudyka, Kurt. 1973. *Kritische Politikwissenschaft.* Stuttgart: W. Kohlhammer.
Welan, Manfried. 2014. *Student in Rot-Weiss-Rot. Wien 1955–1960.* Wien: Böhlau.
Zeisel, Hans. 1975. *Zur Geschichte der Soziographie.* Jahoda, Lazarsfeld, Zeisel 1975:113–142.
Zeisel, Hans. 1992. *Die Zukunft des Sozialismus.* Paul-Lazarsfeld-Gesellschaft 1992:25–40.
Zweig, Stefan. 1961. *Die Welt von gestern.* Frankfurt a. M.: S. Fischer.

Zeittafel

1901: Am 13.Februar wird Paul Felix Lazarsfeld in Wien geboren
1919: Abschluss des Studiums an einem Wiener Gymnasium
1919–1924: Studium der Mathematik an der Universität Wien
1924: Promotion zum Doktor der Philosophie mit der Dissertation „Über die Berechnung der Perihelbewegung des Merkur aus der Einsteinschen Gravitationstheorie"
1924–1925: Post-Graduate Studium in Frankreich
1925–1929: Gymnasiallehrer für Mathematik und Physik in Wien
1927–1933 Mitarbeiter in Forschung und Lehre am Institut für Psychologie der Universität Wien, bezahlt aus „Drittmitteln"
1930–1933: Gesamtleitung des Forschungsprojektes „Die Arbeitslosen von Marienthal"
1931–1933: Wissenschaftlicher Leiter der „Österreichischen Wirtschaftspsychologischen Forschungsstelle" in Wien
1933–1935: Stipendiat, Rockefeller Foundation in Newark, New Jersey
1935–1936: Supervisor, National Youth Administration in New Jersey
1936–1937: Research Director, University of Newark, New Jersey
1939: Research Director, "Office of Radio Research", Princeton University, New Jersey. 1939. *umgewandelt zum* "Bureau of Applied Social Research". New York: Columbia University.
1939–1971: Professor of Sociology, Columbia University
1940: Mit Bernard Berelson und Hazel Gaudet Leiter des Wahlforschungsprojektes "The People's Choice"
1943: Verleihung der US-Staatsbürgerschaft
1948: Mit Bernard Berelson und William McPhee Leiter des Wahlforschungsprojektes „Voting"
1963: Mitbegründer des Instituts für Höhere Studien in Wien
1976: Am 30.August stirbt Paul Felix Lazarsfeld in New York

The manufacturer's authorised representative in the EU is Springer Nature Customer Service Centre GmbH, Europaplatz 3, 69115 Heidelberg, Germany. If you have any concerns regarding our products, please contact ProductSafety@springernature.com

Printed and bound by CPI Group (UK) Ltd, Croydon, CR0 4YY

23/03/2026

02076465-0005